LA PAREJA

LA PAREJA

Descubre los puntos de afinidad o conflicto

en las relaciones

Mª Ángeles Arteaga

Título original: **Pareja. Descubre los puntos de afinidad o conflicto en las relaciones**

Autora: **Mª Ángeles Arteaga Pinto**
© 2020, Mª Ángeles Arteaga Pinto

Editado en Madrid en marzo de 2020

Diseño de la portada: Mª Ángeles Arteaga Pinto

ISBN 978-84-09-19754-5

A mis hijos, Eva y Jorge. Por vuestro respeto y cariño, así como por el apoyo incondicional que siempre me dais.

A mis alumnos y clientes. Porque vosotros habéis fomentado mi investigación y propiciado que este libro vea la luz.

Mª Ángeles Arteaga

ÍNDICE

INTRODUCCIÓN

Mi trayectoria profesional ha estado centrada en todas las áreas de la grafología y la pericia caligráfica, abarcando diferentes aplicaciones como la selección de candidatos para una empresa, la orientación profesional a jóvenes, la investigación histórica o el trabajo en el ámbito judicial, atendiendo a la autoría de letras y firmas o a la psicología de los delincuentes, entre otras.

No obstante, a pesar de abarcar todas las áreas grafológicas, donde más he desarrollado mi labor ha sido en el ámbito de la formación de nuevos grafólogos y peritos, así como en el área terapéutica.

Ambos campos me han ayudado mucho a investigar y evolucionar profesionalmente. En la docencia porque los alumnos son insaciables, cosa que no solo siempre me ha encantado sino que yo misma he fomentado. Ellos preguntan y preguntan y yo me he obligado siempre a averiguar para darles respuestas. Y en el campo de la terapéutica porque trabajar con personas y tener la posibilidad de tener su grafía, sus test gráficos y su historia vital, ofrece una amplísima perspectiva y una gran cantidad de información contrastada.

En esta última área, la terapéutica, he trabajado con intensidad, valorando grafológicamente a más de mil personas y trabajando después en superación personal con la mayoría de ellas.

El trabajo profundo en esta faceta, no solo ha sido muy enriquecedor, sino que también me ha ayudado mucho a investigar, puesto que me ha permitido valorar a las personas grafológicamente, y constatar, he de confesaros que no sin asombro, el alcance tan grande que tiene la grafología en este campo.

Mi modo de trabajo ha sido el siguiente: una persona a la que no había visto nunca que acude a mi gabinete para hacerse un estudio grafológico, ya sea por deseo autoconocimiento o con fines terapéuticos o laborales. El primer paso es pedirle su escritura y test gráficos, sin permitir jamás que me cuente nada de su vida hasta que yo haga mi propio análisis y tenga mis propias conclusiones, para que estas no se vean contaminadas por su información. Con ese material observar a través de su grafía quién es, cuáles son sus potenciales y sus debilidades en todos los campos de su personalidad, qué conflictos tiene, en qué áreas le afectan, desde cuando aproximadamente provienen, cómo y cuánto le disfuncionan, qué mecanismos utiliza para manejarlo en su día a día y con qué aptitudes cuenta para superarlo. Le cuento a esa persona todo lo que yo observo en su escritura, la información que esta me da en todos los campos y, solo entonces, me adentro a escuchar su historia personal.

Puedo aseguraros que nunca ha dejado de sorprenderme que hubiera podido decirle tantas cosas sobre sí mismo, sobre su sentir, sus actitudes, sus temores, sus luchas, sus conflictos de personalidad, etc., sin saber nada de esa persona previamente.

Hay una segunda parte muy fascinante que forma parte del trabajo de superación personal, y es ver el cambio que se va produciendo en la escritura de modo espontáneo a lo largo del proceso. Y esto va al unísono con su evolución. Es muy curioso y enriquecedor, profesionalmente hablando, contar con todos esos datos grafológicos confirmados paralelamente con su evolución en el plano personal. Lo que va ocurriendo en su vida y en su personalidad se va reflejando mediante cambios escriturales, que además son espontáneos, pues mi forma de trabajo no se enfoca en modificar la grafía.

Nunca propongo modificaciones escriturales como medio terapéutico. La escritura siempre la utilizo como medio de conocimiento del sujeto, como herramienta para la proyección de emociones y para comprobar, tanto la evolución que se va produciendo, como lo que aún queda pendiente para trabajar en su personalidad.

Todos estos años de trabajo terapéutico me han ido obligando a idear ejercicios y dinámicas, utilizando siempre la escritura como medio, como instrumento, para ayudar a la evolución de la persona que tenía delante.

Con toda esa investigación, comprobada a lo largo de estos años, he desarrollado un método terapéutico que he denominado "Superación Personal por la Escritura" (actualmente está en edición).

Y dentro de esta función de ayuda a la evolución de las personas he trabajado con muchas parejas. Es un campo de trabajo que siempre me ha encantado.

Me ha parecido muy curioso comprobar las distorsiones que se producen en la comunicación entre las dos personas, las dificultades en la escucha activa y, sobre todo, ver como los conflictos internos de cada miembro de la pareja se amplifican en el ámbito de la relación.

El mundo de la pareja es muy especial, pues cada uno de los miembros de la misma tiene su universo particular, que hay que estudiar por separado, pero a la vez en conjunto, pues sus inseguridades y temores los viven en solitario, pero también los proyectan y los magnifican en la pareja. Y eso activa mecanismos de compensación de los que el propio sujeto ni es consciente.

Y además está la otra parte, la retroalimentación que se produce entre ellos que va creando una maraña que, en ocasiones, no les es posible desenmarañar.

Pongo un ejemplo para ilustrar esto. Imaginemos que uno de ellos es muy inseguro. Como teme no ser suficientemente valioso para el otro y eso activa su miedo al abandono o al rechazo, se torna posesivo y controlador con el otro, el cual se siente asfixiado por esa actitud y reacciona enfadándose por ese control y marcando distancia. Que es justo lo que más miedo genera en el primero, y lo que le hace pensar que ya le está abandonando. Entonces redobla esfuerzos controlando más, volviéndose más celoso o posesivo o, incluso, abandonando él para evitar que se cumpla su temor, ser rechazado.

Es decir, el mundo interno de una persona genera unos comportamientos, y la resonancia que esa actitud tenga en su compañero va a generar conductas que le van a volver al primero en modo de *feedback,* retroalimentándolo.

Y es fascinante entender todo eso, adentrarse en la personalidad de cada sujeto, ver cómo en muchas ocasiones nada tiene que ver lo que piensa o siente uno con lo que recibe el otro. A veces pareciera que hablan idiomas diferentes o que viven dos relaciones distintas.

Ayudarles a ver todo eso y a que adquieran herramientas para manejarlo de un modo mucho más efectivo y sano es muy gratificante.

Todo esto me ha resultado siempre muy atrayente en la faceta de ayuda y también en la investigación terapéutica. Y en ella me he adentrado de pleno durante años de profesión.

Así pues, toda esta investigación y experiencias trabajando con tantas parejas, es lo que ha forjado en mí el deseo de escribir este libro.

ASPECTOS QUE FAVORECEN O PERJUDICAN A UNA RELACIÓN

QUÉ ES SANO EN UNA RELACIÓN DE PAREJA

Es una relación en la que se puede compartir y disfrutar del otro sin dejar de ser uno mismo.

Una relación en la que se logra el equilibrio entre el "Nosotros" y el "Yo".

Cuando empezamos una relación no siempre pensamos si es sana o insana, sencillamente nos enamoramos, nos dejamos llevar por el corazón y nos metemos de cabeza en ella sin analizar cómo puede salir ese proyecto que iniciamos.

Para que una relación sea sana, hemos de poder compartir y gozar del otro sin perdernos a nosotros mismos, sin perder nuestra esencia, gustos o necesidades.

Si nos perdemos, si dejamos de ser nosotros sobre-adaptándonos a nuestro compañero o nos convertimos en lo que él/ella quiere que seamos, la relación tiene los días contados, podemos pensar que ya está perdida de antemano.

Jamás debemos de volvernos sordos con nuestros gustos, necesidades, ilusiones o anhelos. Es decir, hemos de seguir conectados con nuestros gustos musicales, nuestro modo de vestir, los amigos particulares, o nuestra manera de comportarnos. Porque, desde el momento en que perdamos nuestra idiosincrasia para fundirnos con el otro, la relación tiene fecha de caducidad o, de no acabarse, será una fuente de tristeza e insatisfacción perpetua.

Una cosa es un ajuste de comportamientos, una adaptación adecuada, porque comenzamos a compartir vida con otra persona y hay que equilibrar las necesidades, gustos, aficiones y comportamientos de ambos. Pero ha de ser algo equilibrado, un ajuste entre ambos, una adaptación que facilite el vínculo, pero no que anule a una de las personas a favor de la otra.

Hemos de tener clara la diferencia entre lo que significa adaptarse para convivir y facilitar la relación por ambos lados, y perderse en esa relación desdibujándose a sí mismo.

Por eso es vital lograr el equilibrio entre el "Nosotros" y el "Yo". No podemos permitirnos perder al "Yo" por estar en el "Nosotros", al igual que no podemos caer en el egoísmo de sólo pensar en nosotros mismos y en lo que deseamos sin tener en cuenta a la otra persona.

Es necesario encontrar ese equilibrio entre mantener nuestra identidad, nuestros deseos, gustos y forma de ser y compatibilizarlo con los proyectos compartidos y con la forma de vida en común, respetando también la naturaleza de la otra persona.

Es de esta manera, basándola en el respeto mutuo, que la relación puede perdurar en el tiempo y hacer felices a ambos.

Un proyecto en común ha de ser la suma de dos personalidades que se vinculan y crecen ambos, con espacios compartidos y espacios individuales. Nunca puede vivir esa relación a expensas de la anulación y la cesión de uno de ellos. El amor constructivo no vive absorbiendo al otro, sino compartiendo experiencias y fomentando el desarrollo personal de los dos.

Por tanto es muy importante que la pareja tenga espacios comunes: grupos de amigos, familiares de uno u otro, actividades compartidas, proyectos conjuntos, y a la vez mantener espacios propios, individuales, donde cada uno de ellos tenga tiempo de intimidad en solitario, pueda quedar con sus amigos o familiares sin la presencia del otro, o realizar alguna actividad o hobby que le guste.

Está claro que no mantenemos las conversaciones con nuestra familia de origen del mismo modo si estamos solos que si está nuestra pareja. Hay espacios que son individuales y los necesitamos. Eso hará que podamos hablar de modo distendido, con el lenguaje propio que se crea en cada familia. Necesitamos expresar qué sentimos o escuchar sus problemas o inquietudes con nuestros hermanos o padres, de manera natural, como lo hemos hecho siempre.

Del mismo modo con nuestros amigos. Nunca vamos a hablar con la misma soltura o con el mismo lenguaje si estamos solos con ellos que si está nuestra pareja presente. No quiere decirse que no podamos compartir momentos o situaciones con ellos, claro que sí, por supuesto, pero no siempre.

Habrá actividades o hobbies que nos gusten a nosotros y que no necesariamente comparte la otra persona, pero que realizarlas nos darán vida. Pues bien, no hemos de renunciar a ellos, podemos compatibilizarlo. Siempre encontraremos algún momento para hacer lo que nos gusta y eso, además, terminará por enriquecer al mundo común, tanto por lo que tengamos para contar y compartir, como por la buena energía que redundará de ello y que después desprenderemos con el otro.

A veces renunciamos en exceso. Recuerdo una vez que una clienta, ante una tarea terapéutica que le puse, y que consistía en darse regalos de vida cada día de esa semana (eso, lógicamente, y ese era el objetivo, le obligaba a conectar consigo misma para ver qué deseaba o que cosas le gustaban) me contó que se había cocinado una tortilla española con cebolla, que a ella le encantaba, pero que llevaba más de veinte años tomándola sin cebolla porque a su marido no le gustaba. Ante cosas como estas nos preguntamos, ¿realmente era necesaria esa renuncia?, ¿nunca pensó en todos esos años en hacerse una tortilla para ella?, ¿de qué manera podemos perdernos hasta en pequeñas cosas que no perjudican a nadie?, ¿es necesaria esa claudicación?

No. Decididamente no. Porque un vínculo sano ha de ir enfocado a una ayuda mutua, a potenciarse recíprocamente, no anula ni provoca dolor o incertidumbre. Un amor sano ha de sumar, no restar.

Como decía Antonie de Saint Exupéry. *"El amor es aquel delicado proceso por el cual te acompaño al encuentro de ti mismo"*.

Tener una relación sana es una de las cosas más difíciles de lograr y, sin embargo, se nos enseña muy poco al respecto. En la educación no se nos dan estrategias para un buen manejo de las relaciones personales, pero sobre el mundo de la pareja aún menos.

Solemos entrar en las relaciones con poco o nulo conocimiento de lo que esto significa. Creemos que con el amor es suficiente, pero no es cierto. El amor, por lógica, es la base que ha de darse para apostar por ese proyecto, porque si no estamos enamorados de una persona, no nos atraerá estar con ella. Pero, además del amor, se necesitan muchas más cosas. Elementos que son indispensables como, por ejemplo, saber convivir, tener una buena comunicación, ser capaces de trabajar por la pareja, ser respetuosos, leales, tener buenos deseos hacia el otro, etc.

Hay aspectos importantes para lograr una buena relación de pareja:

•**Atracción.** La otra persona ha de gustarnos físicamente por la razón que sea. Si no nos gusta, si sentimos rechazo de piel por él/ella, si algo nos repele, podemos deducir que el vínculo con esa persona no es factible.

•**Admiración por el otro en cualquiera área**. Quizá admiremos su inteligencia, su curiosidad, lo voluntarioso que es, lo luchador, cómo se relaciona, que sea divertido, o sociable, o creativo, o tierno… Da igual, puede ser en cualquier plano, intelectivo, laboral, físico, social, etc., pero admirarlo. Sentir que tiene facetas en las que nos sobrepasa y admirarlo por ello quizá nos incite a emularlo, a sentirnos orgullosos de él/ella y darle ese valor que nos agrada.

•**Principios y valores similares sobre la vida** con consensos en ámbitos importantes como pueden ser:

o El manejo de la economía común, pues cuando se comparte vida no se pueden tomar decisiones unilaterales en inversiones importantes, que implique la economía de ambos, o realizar gastos desmedidos que van a afectar a la estabilidad del otro.

o   <u>La decisión sobre tener hijos o no.</u> Si uno tiene el proyecto vital de crear una familia y el otro no desea implicarse en algo así, surgirán problemas puesto que es una decisión bastante importante.

o   <u>La educación de los hijos.</u> Se hace necesario tener criterios conjuntos sobre los valores a inculcar, la formación a buscar, etc., para no desautorizarse ni crear inseguridad a los hijos.

o   <u>La actitud ante la vida y las costumbres cotidianas,</u> tanto en salidas, amigos, proyectos de futuro, como en el orden del día a día o el manejo de la cotidianeidad han de ser medianamente cercanas. No es necesario que sean idénticas, porque las diferencias van a enriquecer a los dos por los distintos aportes, pero sí que sean diferencias manejables que no lleven a disputas constantes.

o   <u>Ideología</u>. En ideas políticas, religiosas, culturales, filosóficas…, que, al igual que se decía en el punto anterior, no es necesario que sean idénticas. Sí es deseable que no sean muy dispares de modo que no lleguen a ser fuente de conflicto.

- **Implicación afectiva sana**: Y esto podemos valorarlo en varias facetas.

o   <u>Sin dependencia</u>. Depender de otra persona y sentir que sin él no somos nada lleva a la agonía constante. Cuando se ama a alguien, se convierte en alguien primordial en nuestra vida, pero eso no es lo mismo que imprescindible. Hemos de tener claro que queremos estar junto a él, pero que podremos vivir sin él. Hay un juego de palabras que explica esto: Relación sana es: *"te necesito porque te quiero"*. Relación insana o dependiente es: *"te quiero porque te necesito"*. Y cuando se da esta segunda parte se vive en el temor a perder al otro, en la inseguridad persistente. La persona se queda sin voz para poner límites o expresar necesidades, dejando su vida en manos del otro.

o   Sin dominación. Querer a alguien no significa que esa persona se tenga que someter a nuestros dictámenes o hacer lo que nosotros queremos. Él/ella ha de ser libre de estar con nosotros, de tener sus propios criterios o formas de vestir o actuar, de expresar opiniones, o de hacer elecciones sobre su trabajo, etc. La persona dominante, es una persona insegura, que necesita sentir que lleva las riendas y que tiene el poder, como medio sentirse medianamente seguro. Aunque esto será solo una pseudoseguridad.

o   Sin manipulación. La afectividad tiene que ser directa, transparente, hablada. Las demandas o la defensa de nuestras ideas ha de hacerse de frente, comunicándolo directamente. Cuando la persona, en vez de esto, utiliza subterfugios, conductas subterráneas o chantajes emocionales para lograr lo que quiere, estamos en presencia del manipulador.

o   Sin agresión. En las relaciones de pareja se permite a la otra persona adentrarse en capas profundas de nuestra personalidad conociendo nuestros sentimientos, debilidades, temores… Jamás debe usarse ese conocimiento para vulnerar al otro, para ridiculizarlo o cuestionarlo, pues eso sería maltrato psíquico. Y, por supuesto, no utilizar nunca la agresión física.

• **Lealtad e implicación en la entrega profunda**. Eso va a generar vinculación y solidez en la unión. Si estamos en una relación seria, hemos de comprometernos. El primer valor es nuestro compromiso con la otra persona y con el vínculo que estamos creando. Esa especie de alianza que nos inmuniza contra el miedo y la tensión. No podemos estar sin estar, como si estuviéramos de paso. Nunca podremos saber de antemano la perdurabilidad de la misma, puede ser más o menos larga, eso no lo sabemos, pero el tiempo que estemos en esa relación, hemos de apostar por ella, de estar comprometidos. Si no es así, nunca se dará el clima de solidez necesario.

•Sinceridad y honestidad con el otro y sus sentimientos. En el vínculo de pareja es donde más nos vulneramos. En otras relaciones, con la familia o los amigos, podemos mantenernos en un círculo de mayor seguridad, contando solo algunas cosas y guardándonos otras o manteniendo una actitud más impostada que nos proteja. Pero en la relación de pareja seria va implícita nuestra desnudez, y no me refiero sólo a la física, sino a la emocional. (Como dice una canción de Alejandro Sanz "Cuando nadie me ve": ... no enciendas las luces que tengo desnudos el alma y el cuerpo). Desnudamos el alma y nos mostramos sin corazas. Si la otra persona no es cuidadosa con nuestros sentimientos, el daño es profundo. Es por ello que se han de cuidar los sentimientos del otro como algo muy preciado y frágil que ha tenido a bien confiarnos.

•Confianza en la pareja. Se hace necesario sentir que la otra persona es alguien confiable con quien estar tranquilo, que no nos va a fallar, que contamos con su apoyo y su respeto.

•Respeto y tolerancia a las ideas, formas de vida o individualidades del otro. Valorando quién es y entendiendo, sin forzar sus límites. Las personas no tenemos por qué ser iguales, ni nuestra forma de ser, pensar o actuar, tiene por qué ser mejor que la de la otra. Amar es intentar entender y respetar las ideas, proyectos, ilusiones o formas de ser del otro sin pretender modificarle o llevarlo a nuestro terreno. Eso no quiere decir que nos gusten o que estemos de acuerdo en todo. Sólo que seamos tolerantes con sus diferencias.

•Empatía para entender su sentir. No sólo oír, también escuchar activamente. Porque la comunicación es una de las bases importantes de una relación y tendemos a oír, pero no a escuchar.

A veces la pareja está contando cosas y el otro está mirando TV, enviando un wasap, o haciendo cualquier otra cosa sin prestarle realmente atención, aunque parezca que sí, porque hace gestos afirmativos o intercala alguna expresión de escucha. Pero escuchar activamente es otro nivel, es atender con actitud receptiva realmente a lo que nos cuenta, intercalar preguntas de interés sobre ello, atender a lo que para esa persona significa lo que nos está narrando y a las emociones que le produce.

• **Apoyo tanto en los malos momentos, como en los éxitos.** Acompañarle en su sentir, tanto en las situaciones difíciles para acogerle y estar a su lado, como en las situaciones buenas para alegrarnos con sus éxitos sin envidias o competitividades.

• **Generosidad para con el otro.** Nada hay más negativo en una relación que estar solo centrado en uno mismo, en sus necesidades y caprichos. Pensar en el otro, ver en qué le podemos ayudar, hacerle sentir que es importante para nosotros, que nos importan las cosas que le hacen feliz y que nos entregamos a ellas. Generosidad es sentirnos felices viendo feliz al otro, deleitarse con su disfrute, ayudarle a desbrozar el camino, facilitarle la vida y gozar con él.

• **Equivalencia entre ambos miembros.** Tanto en economía, libertad, expresión, etc., así como en el dar y el recibir u opinar y decidir. No nos referimos a que tengan el mismo aporte económico, pero sí a que las bases estén establecidas entre ambos de modo que no genere inseguridad por ninguna de las partes. Que los roles estén definidos equilibradamente. Que ambos puedan exponer sus opiniones y sean escuchadas por el otro con respeto, que puedan decidir individualmente sobre las parcelas que se han establecido de común acuerdo que manejarán cada uno y, conjuntamente, consensuando, en otras. Del mismo modo, se necesita libertad para ser quien somos, para tener ideas propias, sin que ninguno de los dos someta al otro o le impida expresarse o pensar de un determinado modo.

• **Deseo de estar con el otro**. Ese sentimiento de pertenencia mutua, de complicidad, de intimidad, que hace disfrutar de los momentos compartidos, de la cercanía física, de ese lenguaje propio creado entre ambos, de esos recuerdos comunes que se van generando. Es un deseo de estar con esa persona más que con ninguna otra, como una exclusividad.

• **Gustos más o menos afines en el juego sexual**. En el entorno íntimo de una pareja vale todo, cualquier idea, cualquier juego, cualquier práctica. Solo manteniendo una premisa básica, que los dos estén de acuerdo en ello y que haya sido algo consensuado. Lo que no puede darse bajo ningún concepto es que algo de eso sea impuesto por uno de los dos, porque ahí entraríamos en la dominación, la vejación o el abuso e, indefectiblemente, iría acompañado del daño, moral o físico. Es por ello que es importante una afinidad en este campo para que los deseos vayan más o menos por senderos similares y ninguno se sienta dañado.

• **Actitud sensata y evolucionada de ambos**. En todos los campos: laboral, económico, afectivo, sexual… La inmadurez y la inseguridad son facetas que lesionan la pareja. Podríamos pensar que eso sólo daña a la propia persona, pero nada más lejos de la realidad. Una persona inmadura, que está inestable en el trabajo, que no controla bien su economía o que, de pronto, puede hacer gastos incontrolados, genera mucha inconsistencia en la relación y en la confianza del otro. Más aún, si es inestable emocionalmente, y no lleva una conducta más o menos recta, sino que depende de cómo se sienta (tan pronto puede comerse a besos al otro como soltarle un exabrupto), eso produce en su pareja incertidumbre y malestar y termina por dejarle secuelas emocionales. Se hace necesaria tener la suficiente seguridad y evolución para lograr una mediana capacidad de control sobre sí mismo y, por ende, sobre la relación.

• **Buena comunicación**. Poder hablar abierta y sinceramente sin esconder los sentimientos, inquietudes, proyectos... Si nos sentimos juzgados o ridiculizados por la otra persona cuando contamos un temor o una ilusión, como medida inconsciente de protección vamos a tender a no contar cosas en siguientes ocasiones, lo que iría en detrimento de una fluida comunicación.

• **Intimidad**. Se hace necesaria esa sensación de complicidad, de que el otro nos va a comprender y a apoyar. Eso facilita la conexión, la cercanía física y emocional y produce bienestar el sentirse acompañado en el caminar de la vida.

QUÉ ES INSANO EN UNA RELACIÓN DE PAREJA

Todas las relaciones de pareja suelen comenzar como historias maravillosas. Se inicia el enamoramiento, se tiende a focalizar la atención sobre lo positivo y a minimizar los defectos. Pero las dificultades diarias, el paso del tiempo y la monotonía pueden llegar a menoscabarlas.

Hay aspectos que deterioran la relación de pareja generando una relación insana:

• **Sentimiento estimativo bajo en uno o en los dos miembros**. Esto va a generar siempre problemas de pareja. Si una persona se siente insegura, si no confía en sí misma, va a tener dificultades para expresar lo que siente, no va a ser capaz de defender sus derechos u opiniones, va a compararse con otros y el resultado de esa comparación, dada su autoestima baja, siempre saldrá desventajoso para ella, lo que alimentará los celos y los temores. No se sentirá aplomada y segura para mostrar afecto y deseo, dado que cuestionará su cuerpo o su intelecto o sus capacidades en cualquier área, y pensará que lo que tiene para ofrecer no es valioso lo que generará que tema el rechazo, y eso inhibirá la expresión espontánea.

• **Actitud centrada en sí mismo**. La estabilidad de una pareja debe centrarse en el equilibrio entre ambos y en el apoyo y cuidado mutuo. Una persona egocéntrica, centrada sólo en sí mismo y sus apetencias, que solo piensa en la autocomplacencia, generará malestar en el otro quien se sentirá desatendido o poco importante en el ámbito de ese vínculo. No podemos pedir lo que no podemos dar. El egoísta no es capaz de empatizar con el otro ni de ser generoso con él.

• **Dificultad para la autocrítica.** Y para visión objetiva de sí mismo, respondiendo con orgullo. Ese orgullo altivo, que ante la visión de cualquier debilidad propia, reacciona en el sentido contrario, engrandeciéndose o tornándose orgulloso, no es ni más ni menos que un signo de inseguridad. Pero una inseguridad que la persona no reconoce. Es por ello que es incapaz de hacerse una crítica objetiva y constructiva de sí mismo. Más bien al contrario, se parapeta en sus criterios de modo terco y respondiendo susceptible ante la opinión del otro, dando más importancia a su ego que a la relación. Esto va a dificultar una buena y sana comunicación.

• **Abuso de poder, dominación**. Suele ser una consecuencia del punto anterior. La persona orgullosa, pero insegura en el fondo, necesita dominar y hacer sentir al que tiene al lado que él vale mucho y que es poderoso. Es una seguridad o más bien una pseudoseguridad en la que el sujeto adquiere su valor por comparación. Es decir, él no reconoce sus valores de modo natural, solo reconoce sus valores si se compara con la otra persona y esta es menos valiosa. Es por ello que se esforzará para hacer sentir al otro que vale poco o que tiene pocas capacidades. De ese modo él se siente más seguro y poderoso. Por ello sus esfuerzos van encaminados a tener poder sobre el compañero. Intenta resolverle la vida buscándole soluciones, dándole directrices de lo que debe hacer o cómo ha de comportarse y cuestionándole o ridiculizándole si no lo hace así o por los resultados que obtenga. Por lógica, esto termina siendo una relación patológica, pues nadie puede vivir sintiéndose juzgado y criticado por todo y lograr ser feliz de ese modo. La tristeza y la rabia se aposentan en el otro miembro de la pareja, que seguramente esté anulado, pero no por eso menos furioso. Aunque esa furia la canalice de modo erróneo hacia sí mismo convirtiéndola en depresión y somatizando en su cuerpo los dolores emocionales.

• **Dificultad en la comunicación con falta de herramientas en la solución de conflicto**s. Mala capacidad de diálogo, cayendo en la polémica o en la obstinación, sin ser capaz de razonar. Es difícil mantener un vínculo sano, una buena comunicación con alguien que por inercia cuestiona todo o se aferra tercamente a una idea sin abrir la mente y ver si hay más posibilidades. Se hace necesario escuchar, empatizar, dialogar y conciliar, como medio para que la relación fluya.

● **Actitud intransigente**. No todo lo que haga, diga u opine la pareja nos va a gustar ni vamos a estar de acuerdo con ello. Habrá diferencia de opiniones y de criterios en distintas facetas de la vida. Pero el respeto y la tolerancia hacia la individualidad se hacen necesarias para conciliar. Si caemos en una actitud intransigente, sin ser flexibles con la pareja, donde pensamos de modo rígido que nuestra idea es la que sirve, que nuestros sentimientos o decisiones no se discuten, la otra persona se va a frustrar siempre. Y eso le va a alejar, puesto que se va a sentir cuestionado y nada valorado en todas las ocasiones.

● **Falta de franqueza y honestidad**. Cuando aparece la mentira, cuando la comunicación entre ambos no es transparente, la confianza básica, que es lo más importante en una pareja, se rompe. Y una vez rota, puede intentar pegarse o restaurarse, pero ya nunca volverá a ser igual. Algo muy preciado se rompe definitivamente.

● **Dificultad para zanjar los asuntos**. Nunca estamos exentos de problemas en una relación. A lo largo de ella pueden surgir diferencias o situaciones que generen conflictos. Esos conflictos se hace necesario hablarlos, aclararlos, exponiendo cada uno su sentimiento y zanjarlos después. Y una vez zanjados dejarlos en el pasado. No podemos de vez en cuando volver a poner el tema sobre la mesa trayéndolo al presente. Cuando una persona hace esto cae en el resentimiento (re-sentimiento) se perpetúa el problema y los sentimientos que se produjeron vuelven a estar vigentes y no deja que las heridas cicatricen y cierren.

● **Deslealtad, infidelidad.** Si falta al respeto, generando un vínculo con otras personas, rompe algo importantísimo en la relación de pareja, que es el cuidado y el respeto a los sentimientos del otro que él/ella puso en sus manos.

- **Diferencias significativas de edad, nivel cultural, ideologías, creencias, etc**. Unas ligeras diferencias pueden enriquecer la relación, pero si son demasiado abismales, a largo plazo generarán conflictos.

- **Actitud cruel.** La persona que en sus modos de comunicación o de comportamiento cae en la agresión, traspasa todas las barreras. El otro miembro de la pareja se siente humillado, vejado, sin ningún tipo de respeto y aparecen heridas que son difíciles de cicatrizar. Hasta la roca más fuerte, si le cae constantemente una gota de agua en el mismo lugar, termina por resquebrajarse. Con las personas pasa igual. El maltrato psíquico es muy sutil y no siempre se percibe con facilidad, pero mina a la persona hasta que la rompe. Eso, sí o sí, deteriora la relación.

- **Relación dependiente**. Generalmente aparece cuando hay una persona dominante y una que se deja dominar. El miembro más débil encuentra amparo en el otro, al que admira e idealiza, y a través del cual busca calmar necesidades de seguridad y afectivas insatisfechas. Y, poco a poco, va teniendo la sensación de que necesita al otro para todo, que no es capaz de resolver cosas por sí mismo. Se genera una adicción del otro. Ante cualquier conflicto, la persona débil se culpa a sí misma de todo lo que ocurre, aunque no sea la responsable, y niega las evidencias, para no romper la imagen de la otra persona, a la que siente como imprescindible. Y termina por anularse. Este tipo de relaciones puede durar un tiempo, pero suele terminar por romperse, generalmente, cuando la persona dependiente cae en la tristeza.

- **Actitud indolente sin proyectos o búsqueda de diversiones.** Si no se buscan tiempos lúdicos, momentos compartidos que llenen, si se deja que la monotonía vaya ganando terreno, la relación se va apagando poco a poco. Si no hay tiempo de calidad en común, si no se viven cosas compartidas, casi sin darse cuenta se va aprendiendo a vivir sin el otro, y llega un momento en que ya no se siente la necesidad de estar con la otra persona. Se pierde la complicidad, desaparecen las ganas de hacerle partícipe de lo que le sucede o siente por dentro. Entonces la relación ya no tiene sentido.

• Delegar en la otra persona la responsabilidad de llenar las carencias de nuestra vida. Cuando nos sentimos seguros cuidamos de nuestro bienestar físico y emocional. Y, sin embargo, si hay una autoestima baja, la inseguridad de fondo hará que crea que el único modo de sentirse bien es que su pareja esté con él/ella, le cuide, atienda sus necesidades y le haga feliz. Pero eso no es ni justo ni sano. Nadie es responsable de nosotros. La responsabilidad sobre nuestra felicidad solo y exclusivamente recae sobre nosotros mismos.

• Celos patológicos. La desconfianza constante, temiendo que el otro tenga una relación con alguien, está promovida por una inseguridad de fondo que le hace dudar de su valía y, por tanto, de que pueda ser querido por su pareja. Esos celos producen, por un lado, hostilidad contra el otro, a pesar de no haber motivos, lo que desgasta la relación, y, por otro, tristeza constante a la persona que los sufre.

VISIÓN PSICOGRAFOLÓGICA DE LOS FACTORES MÁS SIGNIFICATIVOS PARA UNA BUENA RELACIÓN DE PAREJA

Hay determinados factores aptitudinales o de comportamiento que pueden ser muy significativos para el buen funcionamiento de una relación en el día a día.

Podemos creer que en el área de un vínculo de pareja lo importante es que haya amor. Pero, como hemos visto, si esperamos que sea perdurable, se hacen necesarios otros factores que le aporten solidez.

Estos factores tienen que ver tanto con aspectos pragmáticos: el orden dentro de la casa, el manejo de la economía, la asunción de responsabilidades...; como con las relaciones interpersonales: la forma de relacionarse con familiares y amigos comunes y particulares; como con la filosofía de vida: el formato de pensamiento, los proyectos, la ideología...; o con el modo de entregar afectividad, vincularse y mostrar pasión y erotismo; y también con el sentir interno y la comunicación, los anhelos, expectativas, creencias y un largo etcétera.

Para darle un cierto formato de orden y coherencia lo agruparemos en cinco apartados, valorando los distintos planos de personalidad:

- ✓ Facultades intelectivas.
- ✓ Área de la voluntad, la disciplina y el trabajo.
- ✓ Actitud ante las relaciones interpersonales.
- ✓ Relaciones íntimas, tanto afectivas como sexuales.
- ✓ Relación con uno mismo.

En cada uno de estos planos de personalidad se irán valorando distintos aspectos que son los que más incidencia pueden tener en ellos. Y eso se hará valorando una serie de ítems grafológicos.

Con la finalidad de que este libro no haya de ser en exclusiva para profesionales de la grafología, sino para el público en general, en cada ítem explicaré brevemente a qué rasgos grafológicos nos estamos refiriendo y, a continuación, la interpretación de los mismos en cuanto a carácter, actitudes, etc.

Con respecto a la valoración de los aspectos psicológicos, partimos de la base de que casi nunca vamos a encontrar un tipo puro que reúna todas y cada una de las características. Por ello lo que veremos, al valorar los ítems, es qué predomina más, hacia cuál de las dos facetas que siempre pondremos enfrentadas se decanta más. Y es fácil que, en muchas ocasiones, se quede en un claroscuro sin poder definir.

Por ejemplo, imaginemos que estamos valorando el orden-desorden y resulta que nos sale un poco de cada uno de los dos, ni muy ordenado ni muy desordenado. Está claro que tendremos que deducir que su tendencia al orden es media, ni es muy meticuloso, con fijación por tenerlo todo ordenado y bajo control, ni se va al otro extremo y es alguien muy caótico.

El objetivo de este libro es que puedan cogerse las escrituras de los dos miembros de la pareja y se vayan valorando en cada apartado. En cada uno de ellos va explicado, aparte de los ítems grafológicos donde puede valorarse esa tendencia y su aspecto psicológico, cómo puede influir en la relación.

La muestra escritural más idónea para poder encarar este estudio es una página en papel en blanco, sin pautar, donde se hayan escrito al menos entre doce y quince líneas y que se termine firmando. Esa muestra de cada uno de los miembros de la pareja.

Al final de este libro van añadidos un par de informes grafológicos de la compatibilidad de dos parejas para que les ayude y puedan hacerse una idea más clara de las conclusiones a las que puede llegarse.

FACULTADES INTELECTIVAS

ÁREA DEL PENSAMIENTO, EL APRENDIZAJE Y LA CREACIÓN DE NUEVAS IDEAS

A priori podríamos pensar que la faceta intelectual no habría de tener ninguna resonancia en la pareja, puesto que no hablamos de afectos, de vínculos, de sexo o de fidelidad.

Sin embargo, como veremos más adelante, el formato de pensamiento más o menos arriesgado, la agilidad mental, la curiosidad intelectual, así como el modo de ver las situaciones, de analizarlas, y la creación de propuestas o soluciones, finalmente, sí que hace que unos tipos de personas sean más compatibles entre sí que otras.

Agilidad mental – lentitud en los procesos mentales

Es la velocidad a la que se ejecuta el trabajo intelectual y los procesos superiores de captación, comprensión, asimilación, y creación.

Si los dos miembros de la pareja cuentan con una similar vivacidad mental, eso les facilitará mucho más puesto que podrán entenderse bien.

Pero si uno tiene mucha agilidad, captando rápidamente o llegando raudo a conclusiones, y la mente del otro funciona a una velocidad lenta, tardando en asimilar o comprender y en elaborar respuestas, eso entorpecerá la comunicación y terminará por generar dificultades.

Rasgos gráficos de la agilidad mental:

✓ Escritura ágil (rápida, sencilla, sin complicarse en hacer vueltas innecesarias): las ideas surgen rápido y se plasman de igual modo.

✓ Escritura progresiva (es una escritura simplificada en la que se evitan, en la medida de lo posible, los movimientos hacia atrás): no se detiene a dar vueltas innecesarias a las ideas en su cabeza, de modo ágil capta, asimila y genera respuestas nuevas.

✓ <u>Simplificada</u> (se evitan en la medida de lo posible movimientos escriturales, pero de modo que esa reducción siga permitiendo la legibilidad): es práctico en las ideas, yendo a lo concreto, simplificando el pensamiento y sin dar vueltas innecesarias.

✓ <u>Cohesionada o al menos agrupada</u> (las letras han de estar unidas entre sí, sin levantar el útil entre una y otra, al menos que se den grupos de 3-4 letras juntas. No se ha de confundir estar juntas, pegadas, con estar unidas, ligadas.): facilidad para unir ideas y concatenar datos como medio para llegar a las conclusiones.

✓ <u>Con uniones personalizadas</u> (no siempre se realiza el trazo de unión a la letra siguiente como marca la caligrafía, sino de un modo propio): capaz de crear nuevos conceptos creativos, o nuevas soluciones novedosas, a partir de los datos con los que cuenta.

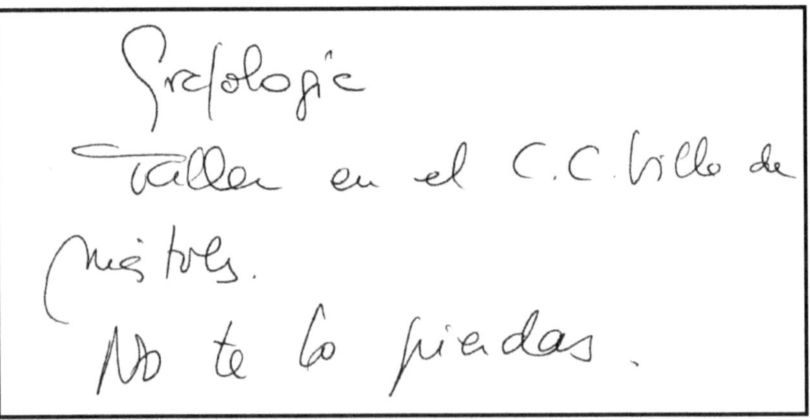

Escritura ágil, progresiva, simplificada, agrupada y con uniones personalizadas.

Rasgos gráficos de la lentitud mental:

✓ <u>Escritura con regresiones significativas</u> (se hacen vueltas o bucles innecesarios haciendo que el trazado retroceda hacia atrás mucho más de lo necesario): retorna excesivamente sobre hechos o pensamientos anteriores para volver a re-pensarlos, con la pérdida de tiempo que eso significa.

✓ <u>Escritura complicada</u> (para ejecutar las letras hace más trazado del que requiere la caligrafía, haciendo más bucles o vueltas de las requeridas): da demasiadas vueltas a las ideas y se enreda en ellas, con dificultad para entresacar lo esencial, y perdiendo claridad y tiempo en ese proceso.

✓ <u>Escritura muy adornada, con rasgos innecesarios</u> (añade guirnaldas, bucles y adornos que para nada son esenciales para la formación de la letra): da demasiada importancia a lo accesorio, por encima de lo fundamental, y eso fomenta que se pierda mentalmente, olvidando la perspectiva de lo que es básico.

✓ <u>Escritura caligráfica</u> (intenta que su modo de escribir sea lo más ajustado al modelo caligráfico que ha aprendido): prioriza mantenerse en lo que le han educado, en las ideas inculcadas, prefiriendo eso, que le aporta seguridad, a generar las propias y arriesgarse en terrenos desconocidos.

✓ <u>Cohesión desligada</u> (el útil se levanta del papel entre letra y letra y, aunque a veces puedan parecer unidas porque están muy juntas, se aprecia que no hay movimiento de unión): dispersión en las ideas, le cuesta centrarse en un pensamiento y seguir un proceso deductivo, pues su mente funciona más a golpe de flases, de fogonazos de pensamientos cortos, es decir, mediante la intuición.

✓ Escritura retocada (repasa y supervisa lo escrito haciendo retoques sobre lo que le parece que no está bien ejecutado): vuelve sobre lo hecho o sobre lo razonado, para supervisarlo, porque se le generan dudas.

Escritura con regresiones, mayúscula adornada con rasgos innecesarios, ajustada al modelo caligráfico, con algún retoque

Claridad mental - confusión en las ideas

Existen personas con muy buena capacidad para comprender, discernir, organizar las ideas en su mente y explicarse de modo preciso e inequívoco, mientras que a otras se les mezclan los conceptos e ideas, creándose un pensamiento confuso.

Que ambos tengan las ideas claras y sean capaces de comprender y explicarse sin liar los conceptos, es favorable.

O que uno de los dos tenga una ligera confusión, podría ser válido.

Pero el predominio de un pensamiento confuso o embrollado en ambos, solo puede llevar a la pareja a errores de interpretación y a dificultades para entenderse o para la resolución de problemas.

Rasgos gráficos de la claridad de ideas:

✓ <u>Escritura clara</u> (que entre las líneas y las palabras haya el espacio adecuado y no se rocen entre sí): capacidad para separar las ideas y tomar distancia de las cuestiones para, de ese modo, verlas en perspectiva, lo que le dará una visión más ajustada y ecuánime.

✓ <u>Ordenada</u> (con buena distribución de los espacios en la página y respetando y organizando los márgenes, los párrafos, etc.): orden mental que facilita la captación y el archivo organizado de las ideas en su mente.

✓ <u>Espaciada</u> (con amplio espacio entre palabras y líneas): respeto y tolerancia a las ideas o tendencias de las otras personas, así como a no mezclar conceptos en su modo de pensamiento. Y, para lograrlo, procura separar otras preocupaciones o ideas que puedan interferir.

✓ <u>Proporcionada y armónica</u> (las distintas zonas de las letras (hampas, jambas, cuerpo medio, inicios, finales…) mantienen la dimensión apropiada, dando el aspecto visual de equilibrio): las distintas tendencias personales (razón, emoción e impulso) están equilibradas sin interferir ni dificultar el pensamiento.

✓ <u>Signos de puntuación precisos</u> (barras de "t", puntos de "i", acentos, etc., están situados en el lugar que les corresponde, ni atrasados ni adelantados): atención y precisión en los conceptos y contenidos de lo que capta y archiva en la mente.

> *Desde que he llegado pensando que las cosas esto o lo otro. Viviendo*

Escritura clara, con espaciado adecuado, ordenada en los márgenes y signos de puntuación correctos

Rasgos gráficos de la confusión mental:

- ✓ <u>Escritura confusa</u> (las letras se amontonan demasiado no dejando el espacio necesario entre palabras y líneas y produciendo choques de letras): los pensamientos e ideas circulan demasiado amontonados, superponiéndose y obstaculizándose unos a otros.

- ✓ <u>Página poco organizada</u>: (no es capaz de mantener los márgenes organizados y los espacios correctos dando la página la impresión de desorden ya en la primera impronta): dificultad para mantener el orden mental. Se produce caos entre lo que se aprehende y el modo de fijarlo en la mente, pues esto se realiza de modo poco sistematizado.

- ✓ <u>Marcadas irregularidades en los espacios interpalabra e interlínea</u> (entre unas palabras y otras no se guarda el mismo espacio, en ocasiones es más grande y en otras más pequeños. Lo mismo ocurre entre unas líneas y otras, que el espaciado es variable): su emoción, que es fuerte y no bien manejada, prima sobre su razón. Su sensibilidad interfiere tornando su pensamiento subjetivo.

✓ Ilegibilidad (la escritura, ya sea porque es muy complicada o porque simplifica en exceso o porque haya descuido al hacerla, presenta dificultades para ser entendida): poca capacidad para entenderse a sí mismo y, por ende, para comunicar de modo claro lo que piensa.

✓ Precipitada (demasiada prisa en la realización de los trazos, que se estiran en exceso y pueden perder legibilidad): rapidez excesiva en la captación de conceptos, lo que no le permite asimilarlos y razonarlos.

✓ Signos de puntuación imprecisos (barras de "t", puntos de "i", acentos, etc., no están situados en el lugar que les corresponde, pudiendo estar atrasados, adelantados, caídos…): falta de rigor y precisión en sus procesos mentales.

Escritura amontonada, confusa, sin espaciado interletra, interpalabra ni interlínea suficiente; desorganizada, con rasgos innecesarios y exagerados y falta de algún signo de puntuación.

Proceso reflexivo ante la toma de decisiones – precipitación e irreflexión

El individuo reflexivo procura medir, pesar, comparar y establecer valores y conclusiones útiles para él y los demás.

En el lado contrario de la reflexión está la impulsividad, el obrar sin pensar, la primariedad, el acto reflejo, el automatismo y la improvisación.

Lo que hace más compatibles a dos personas, es que uno sea un poco más reflexivo y el otro se detenga algo menos a pensar, siendo un poco más impulsivo porque eso les compensará.

En el supuesto de que los dos fueran muy reflexivos, no sería tan favorable porque se quedarían frenados en la toma de decisiones, dando demasiadas vueltas a los pros y los contras.

Y, si ambos fueran demasiado irreflexivos, se dejarían llevar los dos en exceso por la impulsividad, y carecerían de la prevención necesaria para tomar decisiones responsables.

Rasgos gráficos de la capacidad de reflexión:

✓ Escritura clara (que entre las líneas y las palabras haya el espacio adecuado y no se rocen las letras entre sí): tendencia y facilidad para analizar cada cosa por separado sin que otras cuestiones interfieran en ese análisis.

✓ Página ordenada (con buena distribución de los espacios en el folio y respetando y organizando los márgenes): cuenta con un buen orden mental, lo que se hace imprescindible en el razonamiento de cualquier tema, puesto que eso ayuda a estructurar mejor las ideas.

✓ Inclinación vertical (el eje de las letras se mantiene recto, en los 90°, sin inclinarse hacia la derecha o invertirse hacia la izquierda): el razonamiento objetivo prima sobre las emociones, evitando que estas repriman o impulsen en exceso o que carguen de una tonalidad subjetiva la deliberación.

✓ <u>Escritura proporcionada</u> (las distintas zonas de las letras (hampas, jambas, cuerpo medio, inicios, finales…) mantienen la dimensión apropiada): le resulta importante mantener el equilibrio y que las tendencias impulsivas o las ideas utópicas no interfieran en su objetividad.

✓ <u>Escritura contenida</u> (escritura controlada, sin rasgos que se disparen o finales más largos de la cuenta): porque ejerce dominio sobre sí y evita el pensamiento impetuoso y las reacciones primarias.

✓ <u>Signos de puntuación precisos</u> (barras de "t", puntos de "i", acentos, etc., están situados en el lugar que les corresponde, ni atrasados ni adelantados): buena focalización de la atención en lo que es necesario, sin despistes, lo que evita errores.

✓ <u>Mayúsculas desligadas de las minúsculas</u> (al terminar de hacer la mayúscula el sujeto levanta el útil antes de encarar la ejecución de la minúscula que sigue, por lo que ambas no están unidas, aunque puedan estar juntas): entre el pensamiento y la acción se detiene, dándose un espacio para recapacitar sobre lo que ha de hacer.

✓ <u>Escritura retocada, con retoques positivos</u> (repasa y supervisa lo escrito haciendo retoques sobre lo que le parece que no está bien ejecutado. Al hacerlo mejora lo escrito o lo hace más legible): persona autocrítica que se supervisa a sí misma.

Escritura clara, de inclinación vertical, proporcionada, contenida, con las mayúsculas desligadas y los signos de puntuación adecuados. En el signo ortográfico de los dos puntos, se observa el remarque de la detención.

Rasgos gráficos de la capacidad de precipitación:

✓ <u>Escritura precipitada</u> (demasiada rapidez en la realización de los trazos, que se estiran demasiado y pueden perder legibilidad): exceso de premura en la toma de decisiones.

✓ <u>Muy inclinada</u> (el eje axial de las letras se ladea hacia la derecha, inclinándose por encima de 120°): los impulsos, la impaciencia y una excesiva presteza en el avance hacia delante imposibilitan la reflexión necesaria.

✓ <u>Muy simplificada</u> (se evitan gestos escriturales para abreviar, pero cae en el exceso, a veces convirtiendo letras, como las "m" y "n" en hilos (denominados filiformes) lo que hace que se pierda legibilidad): demasiada prisa en la ejecución, quizá llevado por la angustia, que le incita a tomar decisiones raudo para acallarla.

✓ <u>Signos de puntuación adelantados e imprecisos</u> (barras de "t", puntos de "i", acentos, etc., están situados más a la derecha del lugar que les corresponde, o fuera de la ubicación correcta): no vive el momento actual porque su mente se adelanta al futuro o se desorienta un tanto.

- ✓ <u>Extendida</u> (la escritura se ensancha porque prima el movimiento hacia la derecha): prisa y demasiada tendencia al avance.

- ✓ <u>Mayúsculas unidas a las minúsculas</u> (al terminar de realizar la mayúscula no se levanta el útil, sino que prosigue para enlazarla con la minúscula que viene a continuación): se pone en marcha inmediatamente para actuar, sin darse una pausa para sopesar los aspectos favorables y desfavorables de la decisión.

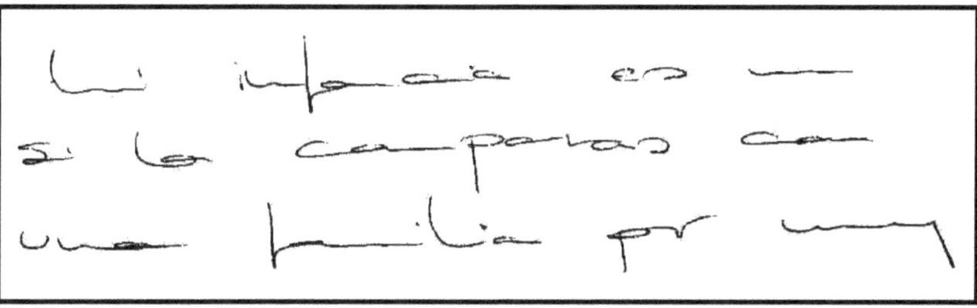

Escritura muy rápida y muy simplificada, con filiformes, extendida y mayúscula unida a minúscula.

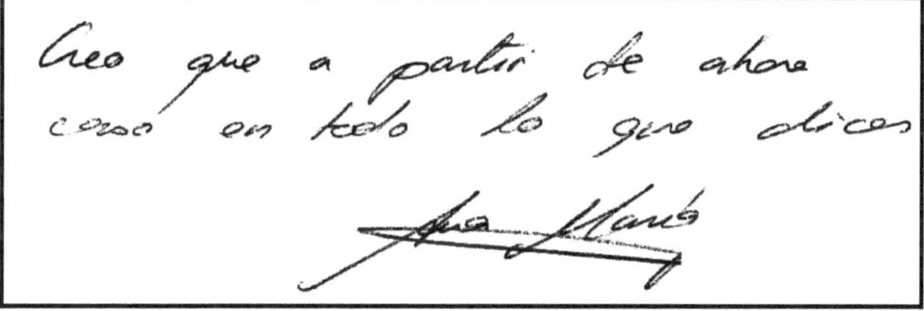

Escritura muy inclinada con mayúsculas unidas a minúsculas.

Personalidad racional – Personalidad emocional

En la personalidad racional el sujeto deduce, esclarece, organiza y jerarquiza los valores en su mente. El individuo es más impasible, simplifica, refrena, modera y se conduce sobre una realidad metódica.

En la personalidad emocional lo sentimental es muy significativo para el sujeto. Como consecuencia, tiene mucha resonancia en su interior, impresionando su sensibilidad y dándole un tinte subjetivo a su pensamiento.

Lo más válido en este caso se produce cuando uno es predominantemente razonador y el otro afectivo, pues esa mezcla, ese aporte de los dos enfoques, va a enriquecer la comunicación y la toma de decisiones entre ambos.

Si en los dos hubiera un predominio de la emotividad, tenderían a ser ambos bastante subjetivos, haciendo más difícil el entendimiento.

Mientras que, si ambos fueran razonadores, serían excesivamente objetivos y fríos los dos.

Rasgos gráficos de la personalidad racional:

✓ Márgenes regulares y correctos (manteniendo la linealidad a lo largo de la página, sin ondulaciones de los márgenes, y respetando las medidas: superior 1,5, izquierdo 2,5 y derecho 1 cm, aproximadamente): orden mental, disciplina y predisposición a adecuarse a las normas establecidas.

✓ Margen izquierdo pequeño y/o disminuyendo (la medida de este margen ha de ser de 2,5 cm aproximadamente, menor a eso es pequeño. Y puede darse la característica de que según avanza la página se va haciendo más pequeño aún): la tendencia innata a la prudencia y a sentirse cómodo en lo que conoce lleva al sujeto a, de modo inconsciente, retroceder hacia zona segura.

✓ <u>Página controlada</u> (orden y buena estructura en los márgenes y el espaciado en general, dando una impresión visual de estar bien organizada): personalidad regida por pautas establecidas, de las que procura no salirse.

✓ <u>Inclinación vertical</u> (el eje de las letras se mantiene recto, en los 90º, sin agitación y sin inclinarse hacia la derecha o invertirse hacia la izquierda): contención y dominio sobre la emotividad y, en busca de un pensamiento ecuánime, pone al plano mental al mando, dejando que sea este el que modere.

✓ <u>Escritura angulosa</u> (cuando trazos que caligráficamente han de ser curvos, se endurecen y se cambian por ángulos. Suele dar la impresión de que, si pudiéramos pasar la mano por debajo del cuerpo central de las líneas, nos pincharíamos): marcialidad, disciplina, rectitud en sus pensamientos.

✓ <u>Escritura cuidada</u> (mantiene las formas y las proporciones, tanto en grafías como en espacios): control y atención en dirigir y centrar sus pensamientos.

✓ <u>Finales controlados</u> (los finales de letra no se disparan o se hacen más largos de la cuenta, sino que mantienen su proporción): freno a la impaciencia o a sus impulsos evitando que interfieran en el terreno mental.

✓ <u>Signos de puntuación centrados</u> (barras de "t", puntos de "i", acentos, etc., están situados en el lugar sobre la propia letra, ni atrasados ni adelantados): interés, cuidado y contención en el área del pensamiento.

✓ Firma en el centro de la página (la firma se sitúa a medio camino entre el margen izquierdo y derecho): la persona se mantiene en un pensamiento sensato y prudente.

Página controlada, margen cuidado, escritura vertical, angulosa y con finales controlados.

Rasgos gráficos de la personalidad emocional:

✓ Márgenes algo irregulares: (no logra mantener la linealidad a lo largo de la página y se producen ondulaciones en los márgenes, porque el tamaño de los mismos no se mantiene estable): la emoción agita la personalidad, invadiendo su pensamiento de sensibilidad.

✓ Margen izquierdo ensanchándose y derecho estrecho (parece que la masa gráfica se hubiera movido en bloque hacia la derecha. El margen izquierdo según avanza el escrito se hace mayor de 2,5 cm y el derecho menor de 1

cm): impulsividad, tendencia a dejarse llevar por el
sentimiento y la viveza.

✓ Página un poco agitada (no logra mantener la contención
en todos los rasgos y aparecen variaciones en los
márgenes o en los espaciados): emocionalidad que
dificulta un pensamiento objetivo, pues todo se percibe
por los sentidos.

✓ Letras inclinadas (el eje axial de las letras se dirige hacia la
derecha manteniéndose entre los 90° y 120°):
sentimentalismo y apasionamiento, que, manejado por la
sensibilidad, puede mermar la prudencia y el pensamiento
objetivo.

✓ Escritura curva (se suavizan rasgos que en el modelo
caligráfico deberían tener ángulos y se los convierte en
trazos curvados): los pensamientos fluyen rápidos sin el
freno de la intransigencia o la contención.

✓ Finales largos (el trazado final de algunas letras se hace
mayor de lo que corresponde, sin contención): prisa y
apasionamiento en lo que piensa.

✓ Signos de puntuación a la derecha (barras de "t", puntos
de "i", acentos, etc., están situados más adelantados del
lugar que les corresponde): anticipación, la mente va por
delante de lo que sucede en el momento.

✓ Firma a la derecha (la firma se sitúa cercana al margen
derecho): deseos de avance y valentía que le llevan a
decidirse rápido y a pensar anticipadamente.

Escritura muy inclinada con margen izquierdo grande e irregular, puntuación adelantada.

Visión panorámica – Visión de detalle

La persona con visión panorámica tiende a ver el conjunto de las situaciones, logrando abarcar en esa visión todas las variables que entran en juego. Es decir, ante una situación cualquiera es capaz de que su enfoque sea amplio, no quedándose en una cuestión solo. Por ejemplo, la visión panorámica es la que tiene alguien que dirige una empresa o a un equipo. Por lógica, su visión ha de abarcar el conjunto de la empresa, o de la situación de su equipo, para tomar decisiones globales, sin pararse en detalles menudos.

Por el otro lado, la persona con predominio de la visión de detalle tiende a desmenuzar en partes, a analizar, a pormenorizar y a penetrar en lo menudo, siendo muy detallista y observadora. Por ejemplo, sería la persona que en una empresa está dedicada a gestionar una función concreta y ha de hacerse cargo de ella y llevarla a buen puerto bien rematada.

Supongamos un ejemplo. Dos personas van a ver una casa para comprar. La persona con visión global focalizará su atención en el barrio en el que está situada, si hay servicios necesarios como un ambulatorio, supermercados, transporte, etc. En la orientación de la casa y la estructura y materiales con los que está construidos. La persona con visión de detalle se fijará en el alicatado de la cocina o del baño, en los armarios empotrados o en las posibilidades de una habitación para colocar determinados muebles.

Por eso, en este plano, lo más provechoso se produce cuando cada uno de los miembros de la pareja tiene capacidad para los dos tipos de visión (pueden pasar de la visión global al detalle o viceversa) o cuando cada uno tiene un tipo de visión, lo que vendría a complementarles.

Si los dos tuvieran visión general les impediría pensar pormenorizando o entrando al fondo de las cuestiones, quedándose demasiado en la superficie.

Mientras que ambos con visión detallista les llevaría perderse en nimiedades e, incluso, a obsesionarse en profundizar en el análisis, y no ser capaz de ver el conjunto de las situaciones.

Rasgos gráficos de la persona con visión panorámica:

✓ Texto ampliamente distribuido por la página (podríamos decir que es una escritura en la que el aire podría circular alrededor de las palabras pues hay anchura entre ellas): se toma espacio para la introspección, la reflexión y para pensar, apartando de su mente otros elementos que podrían obturarle.

✓ Espaciada-aireada (con amplio espacio entre palabras y líneas) entre acción y acción o pensamiento y pensamiento, se le hace necesario tener un tiempo a solas para reflexionar e integrarlo.

✓ Escritura grande (entendemos por tamaño normal cuando el cuerpo central de la escritura (óvalos, "n", "r", "s", etc.) mida entre 2,5 y 3,5 mm. Mayor de eso será de tamaño grande): su atención va dirigida a lo amplio, al todo, y le cuesta detenerse en detalles pequeños.

Me gustaría hacer el curso completo porque me he pasé todo esto.

El contento de conocerte.

Escritura grande y texto ampliamente distribuido, aireada, con buen espacio interpalabra e interlínea.

Rasgos gráficos de la persona con visión detallista:

- ✓ <u>Texto condensado</u> (la escritura ocupa más lugar del adecuado, no dejando los blancos y espacios necesarios entre palabras, líneas y márgenes): su página está como su pensamiento, abrumado y cargado de ideas, que no le permiten tomar distancia para ver el conjunto.

- ✓ <u>Espacios interpalabra e interlínea estrechos</u> (entre palabra y palabra nos debe de caber una "m" del propio escrito, esa sería la medida del interpalabra correcta. Y entre los pies de una línea y las crestas de la siguiente debe entrarnos una "o" del escrito. Menor de esas medidas es un espaciado estrecho): su mente siempre está ocupada en el análisis y observación de todas las cosas a la vez.

- ✓ <u>Escritura que respira poco</u> (con poco espacio blanco alrededor de las palabras): le cuesta parar y pensar, alejarse y ver en perspectiva. Por el contrario, se sumerge demasiado a menudo en todo lo que tenga en mente.

✓ Escritura pequeña: (el tamaño normal de la escritura será que el cuerpo central de la misma (óvalos, "n", "r", "s", etc.) mida entre 2,5 y 3,5 mm. Menor de eso sería una escritura pequeña): propensión a concentrarse, focalizar la atención y penetrar en los pequeños detalles, para ir al fondo de las cuestiones.

✓ Atención a los signos de puntuación y a los detalles menudos (cuidando de que las barras de "t", puntos de "i", acentos, comas, puntos, etc., estén colocados bien, en el lugar que les corresponde y bien hechos): muy atento a cada dato y cada pequeño aporte, intentando que no se le escape nada y que nada le pase inadvertido.

Escritura muy pequeña, texto condensado, que respira poco y espacios interpalabra e interlínea pequeños.

Inquietud intelectual – Escasas inquietudes intelectuales

La persona con inquietudes intelectuales es alguien muy vivo a nivel mental, que le interesan mil temas, que anda en búsqueda y aprendizaje siempre y a quien esa versatilidad también le ayuda a crear nuevas ideas creativas y a solucionar problemas de un modo muy personal.

Por el contrario, la persona con escasas inquietudes intelectuales piensa que ya sabe bastante, que con eso le sirve y que el modo de hacer las cosas una vez vale para siempre, por tanto propende a ser bastante más tradicional e inmovilista.

Lo más propicio sería si los dos tuvieran similares niveles de curiosidad e inquietud por el aprendizaje, o con ligeras diferencias, porque uno puede ser más inquieto e indagar más y el otro un poco menos.

Pero si las diferencias fueran muy significativas, la persona con más inquietudes intelectuales no soportaría la actitud plana del otro, que le resultaría aburrida, acomodaticia y monolineal, lo que terminaría por pasar factura a la relación.

Rasgos gráficos de la persona con inquietudes intelectuales:

✓ Escritura combinada (se dan variaciones en los distintos géneros escriturales (tamaño, inclinación, etc., como medio para facilitar enlaces personales y agilizar el escrito): cuentan con una especie de radar que les facilita la captación rápida de sensaciones e informaciones, así como buena creatividad para idear propuestas novedosas y espontáneas con lo captado.

✓ Escritura personalizada (esta escritura no se podría encasillar en ningún modelo caligráfico, porque está compuesta de modelos de letras diferentes y formatos de enlaces que cambian de unas letras a otras, primando la funcionalidad): pensamiento muy propio e individual que no se deja influir por las interferencias u opiniones del entorno.

✓ Escritura ágil (rápida, sencilla, sin complicarse en vueltas innecesarias): al igual que su mente, por lo que capta y asimila a mucha velocidad.

✓ Simplificada (se evitan en la medida de lo posible movimientos escriturales, pero de modo que esa reducción siga permitiendo la legibilidad): capacidad de síntesis en el pensamiento que le permite ir a lo concreto, sin dispersiones ni vueltas innecesarias.

✓ <u>Predominio del movimiento sobre la forma</u> (se da más importancia a la agilidad y la espontaneidad en la escritura que a mantenerse en un modelo caligráfico determinado): no le importa la apariencia ni le gusta adaptarse a lo ya creado, prefiere pensar por sí mismo y generar ideas y propuestas nuevas, a pesar de que el entorno no siempre lo aplauda.

✓ <u>Ligados altos</u> (desde un trazo alto, como puede ser un travesaño de "t", o "ñ" o un punto o acento, sin levantar el útil, se dirige a ejecutar la siguiente letra): agilidad en el pensamiento y creatividad y mucha calidad en las conclusiones y en la resolución de problemas.

✓ <u>Tamaño decreciente</u> (la palabra comienza con un tamaño, sea el que sea, y a lo largo de su formación va disminuyendo de manera constante ese tamaño, terminando más pequeña de cómo empezó): visión que, partiendo de un enfoque más global, va afinándose poco a poco y llega a profundizar mucho en lo que analiza, logrando llegar al fondo de las cuestiones.

✓ <u>Letras inclinadas</u> (el eje axial de las letras se dirige hacia la derecha manteniéndose entre los 90° y 120°): gusto por la innovación, por descubrir y por aprender. Siente mucha curiosidad por todo lo nuevo e inexplorado.

✓ <u>Agujas hacia la derecha</u> (letras que tienen su final hacia la derecha y también travesaños de "t" rematan afinándose y formando una punta de aguja): curiosidad y capacidad de penetración en lo no observable a simple vista. Buen sentido del humor.

Escritura combinada, personalizada, ágil, con predominio del movimiento,
agujas hacia la derecha y con uniones ágiles y personales.

Escritura combinada, muy ágil, personalizada con uniones ágiles y personales, y
con claro predominio del movimiento sobre la forma.

Escritura ágil, personalizada, con ligados altos, con predominio del movimiento
sobre la forma, inclinada, decreciente (véase palabra "líneas") y con agujas
hacia la derecha.

Rasgos gráficos de la persona con escasas inquietudes intelectuales:

✓ <u>Escritura caligráfica</u> (intenta que su modo de escribir sea lo más ajustado al modelo caligráfico que ha aprendido): tendencia a acomodarse en lo establecido y en lo que ya tiene asimilado porque le resulta menos atrevido y más cómodo.

✓ <u>Escritura complicada</u> (para ejecutar las letras hace más trazado del que requiere la caligrafía, haciendo más bucles o giros de las que requiere la escritura): su mente tiende a dar más vueltas de las necesarias sobre lo mismo, enmarañándose con diversas cuestiones y enredando el pensamiento sin avanzar.

✓ <u>Trazado lento o mesurado</u> (la velocidad a la que se escribe es contenida, un tanto frenada, se escriben menos de 120 letras/minuto): la captación y asimilación de conceptos se produce de modo más pausado, aunque, gracias a ello, los conceptos se fijan de modo más perdurable.

✓ <u>Predominio de la forma sobre el movimiento</u>: (se da más importancia a mantenerse en un modelo caligráfico determinado, con la forma correcta que este requiere, que a la agilidad y la espontaneidad en la escritura): le importa más la adaptación a lo establecido que la creación de nuevas ideas o la inmersión en zona novedosa, porque eso le origina inquietud. Mientras que la adecuación a las normas, le provoca seguridad.

✓ <u>Cohesión desligada o reenganchada</u> (el útil se levanta del papel entre letra y letra y, aunque a veces puedan parecer unidas, porque están muy juntas, o porque donde se levantó el bolígrafo se vuelve a posar de nuevo para seguir, se aprecia que no hay movimiento directo de ligazón): la unión de conceptos, la concatenación de pensamientos para llegar a una conclusión final, o bien, no se produce, pues se mueve más por percepciones sueltas, sin conexión entre ellas; o bien, sí se da esa conclusión, pero el resultado es muy lineal, muy tradicional.

- ✓ <u>Tamaño uniforme o creciente</u> (uniforme: las letras dentro de la palabra se mantienen todas del mismo tamaño. Creciente: se comienza la palabra con un tamaño, sea el que sea, y va aumentando gradualmente acabando más grande que empezó): no se produce esa penetración más allá de lo apreciable, incluso, en ocasiones, puede darse un poco de ingenuidad o de credulidad excesiva (si la escritura es creciente).

- ✓ <u>Inclinación recta o invertida</u> (el eje de la letra se mantiene en la perpendicular de 90° o se deja caer hacia la izquierda, quedando entre los 90° y 60°): prudencia e incluso cierto temor ante lo desconocido, ante lo que suponga salir de la zona segura, de la zona de confort.

- ✓ <u>Rasgos hacia la derecha frenados o regresivos</u> (los finales de letra que van hacia la derecha se quedan contenidos, un poco pequeños y puede que hasta hagan un gesto de retroceso sobre sí): la impulsividad y el gusto por la innovación o el aprendizaje de temas nuevos se queda frenado antes de producirse.

Estoy muy interesado en algun
empleo porque creo que son
que me puedo desenvolver muy
anteriores empleos e tenido trato
con dinero y pienso que me podria

Adaptada al modelo caligráfico, de velocidad pausada, con claro predominio de la forma sobre el movimiento, con algunas complicaciones, cohesión caligráfica con algún reenganche y algunos finales hacia la derecha en retroceso.

APTITUDES VOLITIVAS

ÁREA DE LA DISCIPLINA, LA RESPONSABILIDAD Y EL AUTOCONTROL

El plano de la voluntad, de la disciplina, del orden, del manejo de la economía, etc., no es una faceta muy romántica y, es posible que al inicio de una relación pueda ser una de las que menos se tengan en cuenta, porque estamos imbuidos del romanticismo, los sentimientos y las ilusiones.

Pero no cabe duda que, en la perdurabilidad de una pareja, es una faceta muy importante porque atañe a nuestro día a día, y al formato de nuestra vida cotidiana.

¿Quién quiere vivir en una casa permanentemente desorganizada? ¿Quién quiere tener problemas económicos porque su compañero de vida dilapide el dinero sin ningún control? ¿Quién quiere compartir vida con alguien irresponsable, pasivo, que no se encarga de nada o que se queda sin trabajo a menudo? ¿Quién quiere tener una persona al lado que no lo escuche, que le someta o que tenga reacciones emocionales sin control?

Estas facetas de personalidad, quizá no se vean al principio, pero, cuando emergen, son una fuente muy importante de problemas en la convivencia diaria. Y, por tanto, es fundamental tenerlas en cuenta.

Actitud perseverante – Actitud blanda, inconstante

El individuo perseverante se apega a una línea de conducta o pone su voluntad en proseguir en una idea o proyecto hasta llevarlo a buen término, sin que las dificultades que surgen en el camino debiliten su empeño.

Mientras que la persona inconstante tiende al abandono en cuanto las cosas se le complican un poco o cuando choca con las primeras dificultades.

La constancia por parte de ambos es un factor que es favorable porque va a facilitarles las situaciones.

Si se dan ligeras relajaciones en cuanto a una actitud persistente, puede ser aceptable. Pero si uno de los dos es claramente inconstante, flemático, eso es, sin lugar a dudas, una fuente de problemas.

Y, si ambos fueran indolentes y poco disciplinados, los inconvenientes que eso generaría en su vida en común, manifiestamente, afectarían a la perdurabilidad de la pareja.

Rasgos gráficos de la actitud perseverante:

✓ <u>Escritura ordenada y clara</u> (mantener los márgenes organizados y los espacios correctos evitando que se rocen unas líneas con otras): el orden está presente en cualquier faceta de su vida. Le incomoda el amontonamiento de objetos o papeles o el caos a su alrededor. Se siente más cómodo en un ambiente organizado.

✓ <u>Regularidad en el trazado</u> (tanto la organización de la página como la estructura de las letras sigue una pauta estable a lo largo del escrito): su actitud y su comportamiento son uniformes, y se mantienen perdurables en el tiempo.

✓ <u>Tamaño regular</u> (sea cual sea el tamaño en el que escriba, este se mantiene sin grandes variaciones a lo largo de la palabra y de la página): regularidad en su vida en general, porque es capaz de ejercer un buen dominio sobre sus impulsos y su comportamiento.

✓ <u>Uniformidad en la elaboración de las letras de disciplina</u> (similar tamaño y formato de ejecución en las letras "r", "s" y "t"): su actitud ante las responsabilidades y el cumplimiento de sus obligaciones se mantiene estable.

✓ Escritura de presión firme (el trazo está escrito con fuerza y podemos ver la tonalidad de la tinta sin roturas o debilidades. Y, si pasamos la mano por el reverso del papel, podremos notar un pequeño realce por donde pasan las letras): solidez, sentido de la responsabilidad y capacidad de esfuerzo y disciplina que le lleva a luchar y no rendirse, aunque puedan aparecer adversidades.

✓ Escritura con predominio del ángulo: (ángulo: cuando rasgos que caligráficamente han de ser curvos se endurecen y se cambian por trazos con aristas. Algunas de las curvas se han transformado en ángulos): personalidad disciplinada, marcial, con método y autoexigencia.

✓ Líneas rectas, puede que ligeramente ascendentes (las líneas, en su transcurrir de izquierda a derecha, se mantienen horizontales o puede que asciendan 1-2°): firmeza y, quizá, con una actitud ligeramente optimista para mantenerse en lo que se ha propuesto, a pesar de que los avatares puedan jugar en contra.

✓ Signos de puntuación y travesaños precisos (barras de "t", puntos de "i", acentos, etc., están situados en el lugar que les corresponde, ni atrasados ni adelantados): atención en lo que ejecuta, le gustan las tareas hechas con cuidado y por eso tiene una actitud vigilante y concienzuda.

✓ Doble barrado en "t" (la "t" solo lleva un travesaño, pero a veces se coloca uno más bajo y otro más alto): ahínco de la voluntad que le incita a supervisarse a sí mismo, redoblando esfuerzos si fuera necesario.

✓ Barra de "t" descendente ligeramente y/o con gancho (el travesaño de la "t" se realiza terminando más bajo de donde comenzó. Puede que el final tenga un gesto de retroceso que forma una especie de gancho): aferramiento, tenacidad y una cierta obstinación en llevar a buen fin sus empeños y proyectos.

Escritura ordenada, clara, regular en el trazado y en el tamaño, firme, con mezcla de ángulo, líneas rectas.

Rasgos gráficos de la actitud inconstante:

✓ <u>Falta de orden u organización en la página</u> (los márgenes, párrafos y la distribución de la escritura no consigue estar bien estructurada dentro del folio escrito): indolencia y tendencia al desorden. No le molesta el caos y tiene dificultades para organizarse.

✓ <u>Irregularidad en el trazado</u> (tanto la organización de la página como la estructura de las letras no logra seguir una pauta estable a lo largo del escrito, produciéndose variaciones a lo largo del mismo): se mueve a golpe de impulsos, sin una disciplina sobre ellos. Su actitud es más impulsiva que impulsada desde la voluntad.

✓ <u>Tamaño variable</u> (independientemente del tamaño de esa letra en general, su tendencia es a que las letras dentro de una misma palabra varíen de tamaño sin ninguna pauta concreta): su emotividad es potente y no muy bien controlada y su comportamiento se deja dirigir por esa emoción, que le agita, y no por la fuerza de su voluntad.

✓ <u>Desigualdad en la forma de elaborar las letras de disciplina</u> (desigualdades de tamaño o de forma en las letras "r", "s" y "t"): su proceder ante las responsabilidades es versátil y cambiante. No hay una pauta que se ponga a sí mismo y en la que logre mantenerse a lo largo del tiempo.

✓ <u>Curva y blandura en las letras "r" y "s"</u> (tendencia a hacer curvas las partes de estas dos letras que deberían llevar un ángulo): escasa disciplina y poca fuerza para acometer las tareas que, si no le resultan apetecibles, las hace con desgana e indolencia.

✓ <u>Travesaño de "t" sin fuerza, curvado</u> (el formato del travesaño de la "t" es recto, pero aquí se hace curvado, en forma convexa y con poca presión): tiende a sentirse forzado por las responsabilidades y se torna terco ante ello.

✓ <u>Predominio de la curva</u>: (se suavizan rasgos que en el modelo caligráfico deberían tener ángulos y se los convierte en trazos suaves, curvados): escasa autoexigencia y propensión a ser apático y poco disciplinado.

✓ <u>Blandura en el trazado</u> (letras con poca consistencia, donde se evitan los ángulos, y poca presión, como si le costara apretar el útil): actitud laxa y poco consistente para la asunción de tareas, que las ejecuta con pasividad y pereza.

✓ <u>Imprecisión u omisiones en los signos de puntuación y travesaños</u> (travesaños de "t", puntos de "i", acentos, etc., no están situados en el lugar que les corresponde o puede que se olvide de colocarlos): falta de atención en lo que realiza cometiendo, como consecuencia, errores en la ejecución.

✓ <u>Líneas descendentes</u> (las líneas, que deberían ser horizontales y terminar a la misma altura que empezaron, en este caso, en su avance de izquierda a derecha, descienden, terminando más abajo de donde comenzaron): las dificultades propias del día a día le producen desmotivación, debilitándole.

Escritura desordenada, trazado irregular y tamaño variable, letras blandas, irregularidad en "r", imprecisión y líneas descendentes.

suele ser complicado hablar de uno mismo,
la descripción en línea y más si cabe cuando uno va
para que lo que "trasmito" sea lo más natural
de mi habitual lenguaje loaslado y ovvizonte.

Escritura desorganizada, trazado irregular y tamaño variable, letras blandas, desigualdad y blandura en "r" y "s", travesaños de "t" débiles y poco uniformes, y líneas descendentes.

Organizado – Desordenado

Hay personas que, de modo innato, les gusta el orden en su vida. A ellas les hace sentir bien mantener una cierta estructura en todos los aspectos de su vida y le produce incomodidad sentir que algo se les descontrola.

La persona desorganizada, por el contrario, carece de método y previsión y no dedica tiempo para esas actividades, que considera innecesarias.

Este punto suele ser motivo de riñas por parte de los miembros de la pareja, pues la persona organizada no se sentirá cómoda viviendo en el caos, mientras que al desordenado le agobiará la demanda del otro de mantener el orden.

Lo más idóneo sería, por tanto, que ambos tuvieran un nivel de organización medio o alto, lo que mantendría la organización sin problemas. O, al menos, que uno de ellos fuera solo ligeramente desorganizado, solo ligeramente, sin generar demasiado caos que altere al otro.

La desorganización marcada en uno de ellos es negativa y, si esto se diera en ambos, sin duda les va a generar problemas, tanto de convivencia, como en su vida en general.

Rasgos gráficos del comportamiento organizado:

✓ <u>Escritura organizada y clara</u> (mantener los márgenes organizados y los espacios correctos evitando que se rocen unas líneas con otras): porque le gusta la claridad y controlar dónde tiene cada cosa, así que tiende a evitar amontonamiento de ideas y de objetos buscando un lugar para cada cosa.

✓ <u>Márgenes ordenados</u> (mantienen la linealidad a lo largo de la página, sin ondulaciones por las diferencias de tamaño): le gusta ser puntual y organizado y se adapta a lo establecido previamente, cumpliendo y manteniéndose en lo pautado por sí mismo o por los otros.

✓ <u>Sangrías ordenadas</u> (da igual si la sangría se queda al borde del margen o si es más o menos adelantada, lo importante es que todas ellas se hagan igual): puntualidad, respeto a los demás y buen sentido y organización del tiempo y del espacio.

✓ <u>Regularidad en el trazado</u> (tanto la disposición de la página como la estructura de las letras sigue una pauta estable a lo largo del escrito): su actitud y comportamiento suele mantenerse estable, sin grandes diferencias.

✓ <u>Igualdad en los espaciados interlínea e interpalabra</u> (mantienen uniforme el espacio entre unas palabras y otras (da igual que sean grandes o pequeños), todos más o menos iguales. Lo mismo ocurre entre unas líneas y otras): la emoción, aunque pueda estar presente, está controlada y no interfiere en su formato de vida establecido.

- ✓ Rubricar antes de firmar (antes de poner su nombre y apellido o lo que suela poner en la firma, primero hace toda o alguna parte de la rúbrica): persona previsora con gusto por planificar, por estudiar lo que sucede, anticipándose a ello, y programando previamente cuál va a ser su respuesta o actitud.

- ✓ Escritura retocada en positivo (repasa y supervisa lo escrito haciendo pequeños retoques sobre lo que le parece que no está bien ejecutado, mejorando con ello cualquier pequeño fallo): persona autoexigente consigo misma. No necesita que le supervisen desde fuera, lo hace ella de manera habitual.

> Estoy casada hace 16 años y tengo una
> Soy A.T.S. y trabajo en el hospital
>
> Como persona, actualmente, me encuentro
> da, a veces, de forma conciente que casi
> nosco * 7, en el fondo, el lo que me
> do, antes tenía un mundo interior muy
> ahora "no sé lo que me pasa" pero estoy

Escritura organizada y clara, con márgenes y sangrías ordenados y trazado regular sin rigideces.

Rasgos gráficos del comportamiento desorganizado:

✓ <u>Página desorganizada y confusa</u>: (la página no está bien estructurada y las letras se amontonan demasiado, no dejando el espacio necesario entre palabras y líneas y produciendo choques de letras): su comportamiento, al igual que su página, funciona sin ningún control previo, obrando sobre la marcha, de modo impreciso.

✓ <u>Márgenes desordenados</u>: (no logra mantener linealidad a lo largo de la página y se producen ondulaciones en los márgenes, con entradas y salidas, porque el tamaño no se conserva estable): no logra mantenerse en las pautas establecidas de antemano, improvisando sobre la marcha o cambiando lo concretado, porque le falta disciplina y constancia.

✓ <u>Sangrías irregulares</u>: (unas se quedan al borde del margen, otras las pone más o menos adelantada, pero ninguna de ellas logra tener la misma pauta o medida): la puntualidad y la organización no son uno de sus fuertes por lo que tiende a desorientarse temporal y espacialmente.

✓ <u>Desigualdades en el trazado y la distribución</u>: (tanto la disposición de la página como la estructura de las letras se ejecutan sin seguir ninguna pauta estable a lo largo del escrito): su comportamiento no logra ser uniforme o lineal a lo largo del tiempo, sino cambiante e imprevisto, dejándose llevar por los impulsos del momento.

✓ <u>Irregularidades en los espacios interpalabra e interlínea</u> (entre unas palabras y otras no se guarda el mismo espacio, en ocasiones es más grande y en otras más pequeños. Lo mismo ocurre entre unas líneas y otras): se mueve a golpe de estímulo, sus emociones juegan un papel importante, movilizándole, sin que consiga lograr disciplinarse y mantenerse.

- ✓ <u>Escasa atención a los signos de puntuación y travesaños pudiendo darse omisiones:</u> (barras de "t", puntos de "i", acentos, etc., no están situados en el lugar que les corresponde y puede que hasta se haya olvidado de poner alguno): olvidos e imprecisiones suelen estar presentes por la falta de atención y cuidado que presta a lo que hace.

- ✓ <u>Letras mal hechas</u> (descuido y poca atención a la ejecución de las letras que quedan como deshechas, mal rematadas y poco legibles): escaso cuidado en lo que realiza permitiendo que en su labor haya fallos y, en general, un mal remate de la labor que encara.

Escritura desorganizada, con márgenes desordenados y desigualdades en el trazado y la distribución, irregularidad en el espaciado, con poca atención a la ejecución de las letras y olvidos en signos accesorios.

Actitud dominante – Actitud sumisa

El individuo impositivo tiende a la dominación. Desea y busca cualquier modo para que prevalezcan sus criterios sobre los de los demás. Y lo hace ejerciendo poder sobre ellos, incluso quebrando su voluntad.

La persona sumisa, por el contrario, claudica enseguida, cede a las imposiciones del otro sin lucha y le da poder, acatando sus órdenes, por lo que se queda sin voz para quejarse ni afirmarse, y acaba sometiéndose a su voluntad.

Este es un punto de los más significativos en cuanto a la fricción que puede generar en las parejas. Lo idóneo es que haya un equilibrio, que ninguno tenga una actitud dominante, dura, ni tampoco sumisa, acatando todo. Esto supone que ambos puedan opinar y manejar sus asuntos desde la igualdad y que, por ejemplo, se pacten áreas de poder para cada uno, donde el otro respete sus decisiones en ese plano, sin interferir.

Si fueran los dos dominantes estarían en perpetua guerra defendiendo cada opinión o parcela de poder e intentando ganar la batalla y avasallar al otro.

Y si fueran los dos sumisos se quedarían muy pasivos ante todo, buscando por algún lado (quizá familias) alguien que les dirigiera y protegiera de su propia debilidad.

En el caso de que se dieran los dos tipos puros (dominante-sumiso), esta sería una relación bastante patológica en el que dos inseguridades se necesitan mutuamente. El dominante, que se siente inferior, aunque no lo reconozca, necesita tener a alguien inferior a quien dominar. Y eso, y el compararse con el otro, al que ve minusvalorado, le hace sentirse poderoso y fuerte. El sumiso, por su parte, necesita alguien que tome las decisiones por él y le proteja, y cae en su opresión, teniendo una valoración excesiva del otro y una subvaloración de sí mismo. Esta relación tiende a romperse cuando la persona sumisa supera su límite de soportar imposiciones o vejaciones y decide evolucionar. El dominante no podrá soportarlo e intentará por todos los medios quebrar el incipiente crecimiento del otro, pero ya no podrá lograrlo y la relación se romperá.

Rasgos gráficos de la actitud dominante:

✓ <u>Escritura sobrealzada</u> (las letras, que tienden a ser altas, dan la impresión de que se estiran en vertical): orgullo, envanecimiento, y necesidad de destacar sobre los demás y significarse.

✓ <u>Mayúsculas altas</u> (más altas de lo que corresponde para el tamaño del escrito. Las mayúsculas deben medir como tres "o" del mismo escrito, puestas una sobre otra en vertical): autoimagen sobredimensionada que le hace sentirse superior y que le incita a sobresalir ante los demás. Egolatría.

✓ <u>Travesaños de "t" colocados altos</u> (lo normal es que los travesaños estén colocados a media altura en el palote básico de la "t"): carácter imperativo con tendencia a la imposición y dominación.

✓ <u>Presión acentuada en vertical</u> (se ejerce más fuerza en los movimientos que van de arriba a abajo): fuerte necesidad de afirmarse defendiendo con ahínco sus ideas. Esto tiene mucho que ver con su necesidad de compensar su inseguridad de fondo (aunque esta no sea reconocida por el sujeto).

✓ <u>Pies triangulares</u> (los pies o jambas de la escritura, en vez de formar un bucle con base redondeada, lo hacen con dos ángulos creando un triángulo): persona insatisfecha que muestra un carácter reivindicativo desde la dureza y que puede llegar a tener un comportamiento agresivo.

✓ <u>Finales en maza o en aguja</u> (el trazo final de algunas letras remata frenando bruscamente y aumentando la presión, lo que se conoce como maza, o disminuyéndola y dejando un trozo afilado, que se conoce como aguja): su actitud para conseguir sus deseos va con una carga de agresividad, pero esta puede ser muy contundente y dura (maza) o, aparentemente, más suave, porque se hace desde la ironía o la crítica mordaz (aguja).

✓ <u>Líneas ascendentes</u> (las líneas, en su trazado de izquierda a derecha, van ascendiendo y terminan más arriba de donde comenzaron): entusiasmo y fuerza puesta al servicio de luchar por lo que quiere.

✓ <u>Escritura con predominio del ángulo</u>: (ángulo: cuando trazos que caligráficamente han de ser curvos se endurecen y se cambian por trazos con aristas. Algunas de las curvas se han transformado en ángulos): egoísmo, dureza, intransigencia y rigidez en el trato con los otros con la intención de someterles a sus deseos.

✓ <u>Rizo de la independencia</u> (suele darse en la "p", y es un trazado que sobresale por la parte alta al dibujar un palote básico de esa letra más grande de la cuenta): se considera por encima de los demás y eso le puede llevar a mantener una actitud insolente y nada empática.

✓ <u>Firma más grande que el texto y sobrealzada:</u> (las letras que componen la firma son más grandes en general y bastante más altas, dando la impresión de estirarse en vertical): su autoimagen está sobrevalorada, endiosada, no teniendo una idea objetiva de sí mismo, lo que le lleva a buscar constantemente la valoración y el elogio de los demás doliéndose y enojándose mucho si no la obtiene.

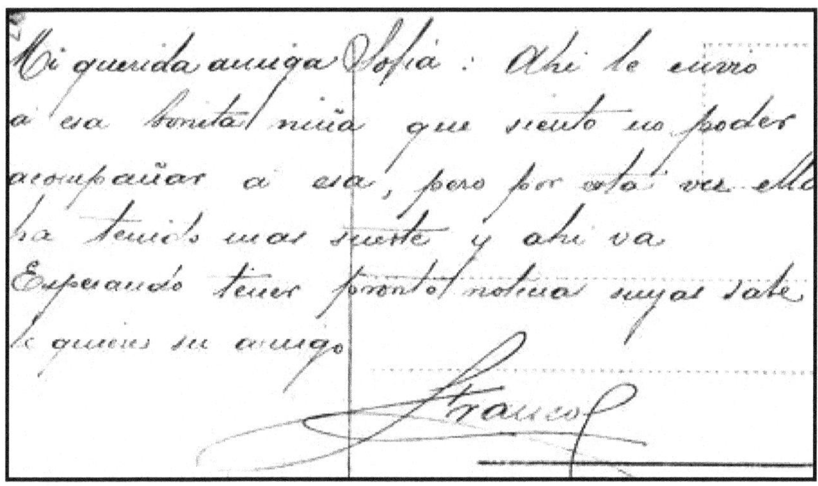

(Escritura de Francisco Franco Bahamonde)
Escritura sobrealzada con presión en vertical, travesaños muy largos, pies sin bucle, finales en maza, rizo de la independencia y firma mucho más grande que el texto.

Rasgos gráficos de la actitud sumisa:

✓ Escritura rebajada (las letras son menos altas de lo normal y los óvalos ("a", "o", "d", "q"…) aparecen como aplastados): tendencia a transigir y a aceptar imposiciones y responsabilidades que no le competen sin rebelarse.

✓ Óvalos aplastados (a las letras con zonas redondeadas en el cuerpo medio ("a", "o", "d", "g"…) parece que un peso les estuviera oprimiendo desde arriba, aplanándolas): su Yo se está dejando oprimir por las presiones y demandas del entorno.

✓ Mayúsculas bajas (más bajas de lo que corresponde para el tamaño del escrito. Las mayúsculas deben medir como tres "o" del mismo escrito, puestas una sobre otra en vertical): autoconcepto devaluado de sí mismo, con tendencia al comportamiento humilde, dócil y algo apocado.

✓ Travesaños de "t" colocados muy bajos (lo normal es que los travesaños se coloquen a media altura del palote básico de la "t", pero estos irían colocados bastante más bajos): propensión a aceptar órdenes y a subordinarse con naturalidad.

✓ Poco presionada, blanda (el útil ejerce poca fuerza sobre el soporte. Si se toca el papel por la parte de atrás no se aprecia ningún resalto de la escritura): poca fuerza para la lucha. Siente una debilidad que se acentúa ante las dificultades que requerirían de su coraje.

✓ Predominio de curva: (se suavizan rasgos que en el modelo caligráfico deberían tener ángulos y se los convierte en trazos curvados): personalidad afable, que prefiere conciliar con tal de evitar los conflictos.

✓ Líneas descendentes (las líneas, que deberían ser horizontales y terminar a la misma altura que empezaron, en este caso, en su avance de izquierda a derecha, descienden, terminando más abajo de donde comenzaron): debilidad yoica con temor ante las dificultades, lo que le genera falta de energía para enfrentar los problemas. Eso hace que tienda a ceder y a rendirse ante los escollos.

✓ Primer monte de "M" más bajo (el primer monte de los dos o tres que conforman la "M" debería ser algo más alto que los demás o al menos igual. Pero en este caso es más bajo): cuando se compara con otras personas tiene la impresión de tener menos valor que ellas, por eso tiende a renunciar a sus derechos de antemano.

✓ <u>Pies blandos, inconsistentes, de bucle amplio, pero terminando en la izquierda, inconclusos</u> (las jambas de las letras se ejecutan con poca presión, presentando un aspecto de blandura y poca firmeza, y a la vez son dilatados en su bucle, pero no avanzan a unirse a la letra siguiente): la persona mantiene una actitud pasiva, con poca energía y dejándose llevar mansamente, sin oponer resistencia.

✓ <u>Firma más pequeña y rebajada</u> (en comparación con las letras del texto las de la firma tienen un menor tamaño y son bajas, incluso un poco aplastadas): autoconcepto desvalorizado con la impresión de incapacidad para obtener logros, así como para tener derecho a defender su territorio u opiniones.

Escritura rebajada con óvalos aplastados y mayúsculas pequeñas, poca presión, blanda, algunos travesaños bajos, líneas descendentes y firma muy pequeña.

Autocontrol emocional – Actitud descontrolada

El individuo que maneja bien sus emociones tiende al autodominio. Esto no es reprimir las emociones, sino de ser capaz de gestionar adecuadamente desde la conciencia los impulsos, tendencias, deseos o pasiones. Esta gestión se consigue mediante la educación y el esfuerzo personal, además de una madurez emocional.

(Hay que tener en cuenta que reprimir, que es negativo, no es manejar las emociones, que es lo positivo. Reprimir es algo diferente. Reprimir es contener las emociones dentro de nosotros, sin expresar y sin procesar. Y esa acumulación fermenta por dentro. Es como una olla exprés, que va ganando presión poco a poco y que esa presión, o se baja con disparos de mal genio inesperados, cuando ya no soporta más, o se deriva a somatizaciones físicas, dolores musculares, disturbios digestivos, etc. Pero al final se hace oír del modo que sea).

Por el otro lado, la persona que es manejada por sus emociones suele ser irreflexivo, dejándose llevar por el arrebato, el apasionamiento, la agresividad o el deseo momentáneo, teniendo dificultades para autodominarse o moderarse. Son personas poco evolucionadas emocionalmente hablando.

Las reacciones descontroladas siempre son origen de conflicto, pues la persona en ese momento pierde los nervios y dice cosas que pueden dañar. Estos daños luego pueden quedar en el recuerdo de la persona receptora de manera permanente.

Por tanto, una reacción emocional descontrolada siempre es negativa; si se da en uno ya es problemática, porque el otro llega a cansarse de recibir exabruptos y malas formas; pero si se da en los dos la relación se mueve frecuentemente en el conflicto, dañándose mutuamente y perjudicándose los dos.

Es muy importante para la estabilidad de la pareja que haya un cierto autocontrol emocional en ambos.

Rasgos gráficos del autocontrol emocional:

✓ <u>Escritura de velocidad mesurada</u>: (la velocidad a la que se escribe es controlada, pausada, sin llegar a ser lenta, sobre unas 100 letras/minuto): la persona actúa con moderación, sin precipitarse, dándose tiempo a pensar.

✓ <u>Tamaño uniforme</u> (las letras dentro de la palabra se mantienen todas del mismo tamaño, sea el que sea): lidera sobre sus emociones, que se mantienen más o menos estables, sin grandes cambios.

✓ <u>Finales controlados</u> (los finales de letra no se disparan o se hacen más largos de la cuenta, sino que mantienen su proporción): ejerce un freno consciente sobre sus impulsos, no permitiendo que estos funcionen solos y le manejen.

✓ <u>Letra legible y moderada</u> (la escritura está ejecutada con cuidado, sin descontrol, para que pueda ser leída sin dificultad): esa misma moderación y claridad es lo que hallamos en su actitud.

✓ <u>Signos de puntuación centrados</u> (barras de "t", puntos de "i", acentos, etc., están situados en el lugar que les corresponde, ni atrasados ni adelantados): cautela, cuidado y control en lo que hace y dice, sin dejarse llevar por prisas o por impresiones o impulsos momentáneos.

✓ <u>Travesaños y finales de tamaño normal</u> (el trazo final de las letras se mantiene en el tamaño proporcionado a la misma. Lo mismo ocurre con el travesaño de la "t"): reacciones moderadas y dirigidas desde la voluntad, sin disparos de emoción inesperados.

✓ <u>Firma situada en el centro de la página</u> (la firma se emplaza a medio camino entre el margen izquierdo y derecho): gusto por obrar con prudencia, sensatez, espíritu de justicia, razonamiento y cautela.

> Ha sido un curso muy agradable
> muchos. Gracias
>
> Rosa M.ª C.

Escritura de velocidad mesurada, legible, uniforme, con finales controlados y firma centrada.

Rasgos gráficos de la actitud emocional descontrolada:

✓ <u>Escritura de velocidad muy rápida:</u> (la velocidad a la que se escribe es muy ágil, precipitada más bien, más de 180-200 letras/minuto): su respuesta no pasa por el tamiz de la moderación y la pausa, simplemente se dispara con lo primero que le surge, sin detenerse a madurarlo.

✓ <u>Tamaño muy irregular</u> (independientemente de cuál sea la dimensión de la escritura, las letras tienen diferentes tamaños entre sí, incluso dentro de una misma palabra. Y estas diferencias de tamaño se producen de manera anárquica): sus emociones están a flor de piel y se agitan con todo lo que acontece a su alrededor, agitando de igual modo sus emociones y reacciones.

✓ <u>Finales largos y descontrolados</u> (el trazado final de algunas letras se hace mayor de lo que corresponde, muy lanzado, sin contención): reacciona de manera primaria, dejándose llevar por sus impulsos, que priman en sus reacciones, pues se disparan espontáneamente, sin el freno ni la dirección de la voluntad.

✓ <u>Escritura con marcadas desproporciones y aumentos</u> (tanto en algunas letras determinadas, como pueden ser los óvalos, "p", "s", etc., como finales de letra, travesaños, signos de puntuación, etc.): el Yo no tiene suficiente fuerza para moderar en una personalidad que se dispara sin control ante cualquier estímulo.

✓ <u>Signos de puntuación a la derecha</u> (barras de "t", puntos de "i", acentos, etc., están situados adelantados al lugar que les corresponde): premura y precipitación, porque siempre va por delante de lo que está ocurriendo en el momento, y respuesta rápida e impulsiva.

✓ <u>Margen derecho ausente</u> (la escritura llega hasta el borde de la página, sin dejar margen): gusto por la innovación, la aventura y lo novedoso. Es como si siempre quisiera ir más allá y más rápido y le costara vivir el presente.

✓ <u>Margen izquierdo creciente</u> (la escritura se va desplazando hacia la derecha y el margen izquierdo va aumentando de tamaño, y al final de la página es más amplio que al inicio): valentía y deseos de avance.

✓ <u>Firma a la derecha</u> (la firma se sitúa cercana al margen derecho): personalidad innovadora, lanzada, arriesgada y curiosa.

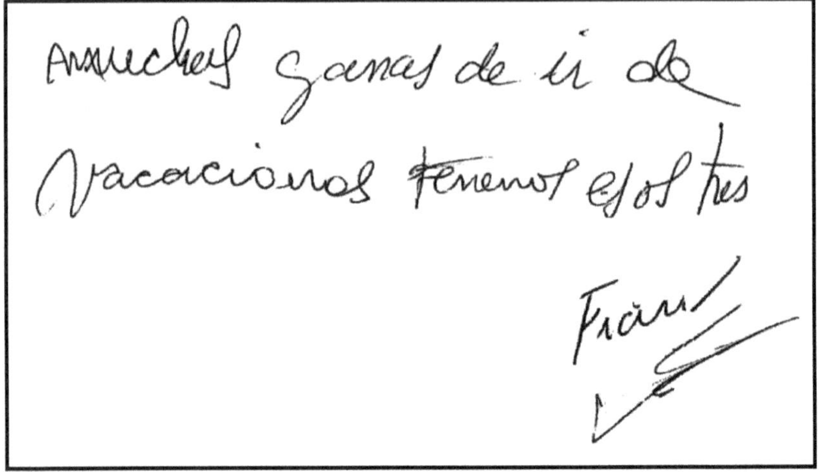

Escritura muy irregular con finales descontrolados, travesaños largos, marcadas desproporciones, puntuación a la derecha y firma a la derecha.

Ahorrador – Derrochador

El manejo de la economía es un punto que genera tensiones dentro de la relación de una pareja. Es difícil ponerse de acuerdo y decidir qué gastos han de asumir y de qué han de prescindir. Y que eso sea a gusto de ambos.

A la persona ahorradora, le hace sentir bien y le aporta seguridad mantener un comportamiento prudente y previsor en la administración de su dinero. Saber que cuenta con un respaldo le da estabilidad y le hace sentir tranquilo.

En cambio, la persona tendente al despilfarro dilapida sus recursos sin orden, de manera impulsiva y caprichosa, malgastándolo sin ninguna previsión de necesidades futuras. Eso a la persona más prudente y previsora, le intranquiliza mucho y le genera mucho desasosiego.

Para un buen funcionamiento dentro del ámbito de la pareja, los extremos no serían buenos: si uno de los dos es muy gastoso y el otro muy ahorrador, habrá sin ningún lugar a dudas, discordias por esa disparidad en el manejo de la economía.

Si ambos son dilapidadores, el patrimonio común será ruinoso llevándoles a tener problemas importantes de gestión.

Si ambos son muy tacaños, caerán en negarse todas las gratificaciones. La parte buena es que esto no les generará problemas de convivencia, puesto que ambos caminan en la misma dirección y abogan por llevar una vida austera en aras de tener un respaldo económico.

Por tanto, una actitud común, pero moderada o con diferencias suaves, es decir, uno puede ser un poco más gastoso y el otro más previsor, hará que no surjan grandes fricciones en esta área y que la economía pueda funcionar bien para ambos.

Rasgos gráficos del ahorrador:

✓ <u>Página ordenada condensada y sobria</u> (con buena distribución de los espacios en la página, sin adornos ni trazos innecesarios y respetando y organizando los márgenes, pero siendo las partes blancas: márgenes, y espacio interpalabra e interlínea, algo más pequeños de lo normal): el control y el orden están presentes en su vida en general y se da un buen aprovechamiento de sus recursos.

✓ <u>Márgenes pequeños, aprovechados:</u> (el tamaño aproximado de los márgenes es: superior 1,5, izquierdo 2,5 y derecho 1 centímetros. Un margen pequeño es el que no respeta esas medidas y aprovecha más el espacio dedicado a la escritura) adaptación y tendencia a sacar un mayor aprovechamiento y rentabilizar al máximo los bienes con los que cuenta.

✓ <u>Escritura apretada</u> (se empequeñece el espacio adecuado entre letra y letra, y la misma letra se estrecha dentro de sí misma): buena utilización de sus recursos económicos, sin dispendios.

✓ <u>Tamaño pequeño-normal</u>: (el tamaño normal de la escritura será que el cuerpo central de la escritura (óvalos, "n", "r", "s", etc.) mida entre 2,5 y 3,5 mm. Menor de eso consideraremos que es de tamaño pequeño.): moderación, autocontrol y freno en todo, también en su economía, donde se da tendencia al ahorro.

✓ <u>Finales contenidos</u> (el trazado final de algunas letras se hace algo menor de lo que corresponde, frenándolo): persona que se sujeta a sí misma, secundaria, que piensa antes de obrar, no dejándose llevar por los primeros impulsos.

✓ <u>Escritura regresiva</u> (se hacen vueltas o bucles innecesarios haciendo que el trazado vuelva hacia atrás mucho más de lo requerido): tendencia a ser prevenida, contenida y a acumular para sí.

✓ <u>Escritura angulosa</u> (eso ocurre cuando trazos que caligráficamente han de ser curvos se endurecen y se cambian por trazos con aristas. Suele dar la impresión de que, si pudiéramos pasar la mano por debajo del cuerpo central, nos pincharíamos): egoísmo, poca tendencia a la dádiva, ni a la generosidad.

✓ <u>Inclinación recta-invertida</u> (el eje de la letra se mantiene vertical, 90º, o se deja caer a la izquierda manteniéndose entre 60º y 90º): control sobre sí, repliegue y actitud sensata y prudente y, en ocasiones, más que eso, temerosa.

✓ <u>Escritura de velocidad mesurada:</u> (la velocidad a la que se escribe es controlada, pausada, sin llegar a ser lenta, sobre unas 100 letras/minuto): razonamiento, reflexión y cautela antes de obrar.

✓ <u>Finales envolventes</u> (el trazado final de algunas letras, que debería ir hacia la derecha, retorna para envolver a la propia letra): tacañería, actitud aprovechada, que tiende guardar para sí.

Página condensada, márgenes pequeños, escritura pequeña, velocidad mesurada.

Rasgos gráficos del derrochador:

✓ <u>Página poco aprovechada, muy espaciada</u> (con demasiado espacio entre palabras y líneas): escasa prudencia en el terreno económico, dilapidación de los recursos con los que cuenta.

✓ <u>Márgenes grandes</u> (el tamaño aproximado de los márgenes es: superior 1,5, izquierdo 2,5 y derecho 1 centímetros. Un margen grande es el que no respeta esas medidas y desaprovecha más el espacio dedicado a la escritura): propensión a cuidar poco sus pertenencias haciendo un desaprovechamiento de sus bienes.

✓ <u>Escritura extendida</u> (la escritura se ensancha, dejando más espacio entre las letras y dentro de la propia letra, porque prima el movimiento hacia la derecha): actitud de donación y generosidad con los demás, lo que le puede llevar a gastar por encima de sus posibilidades.

✓ <u>Finales largos hacia la derecha</u> (el trazado final de algunas letras se hace mayor de lo que corresponde, sin contención): impulsividad y poca reflexión a la hora de actuar, lo que puede incidir sobre un gasto impetuoso y descontrolado.

✓ <u>Escritura grande-muy grande</u> (el tamaño normal de la escritura será que el cuerpo central de la escritura (óvalos, "n", "r", "s", etc.) mida entre 2,5 y 3,5 mm. Mayor de eso será de tamaño grande y mayor de 4,5 muy grande): exceso de expansión y generosidad sin medida que propicia un gasto desmesurado.

✓ <u>Escritura curva</u> (se suavizan rasgos que en el modelo caligráfico deberían tener ángulos y se los convierte en trazos curvados): generosidad, donación, altruismo.

✓ Escritura progresiva (es una escritura simplificada en la que se evitan, en la medida de lo posible, los movimientos hacia atrás): tendencia a atender a los demás y a donarse sin pensar tanto en sí mismo, eso también se lleva al terreno económico lo que puede perjudicar a su patrimonio.

✓ Letras inclinadas (el eje axial de las letras se dirige hacia la derecha manteniéndose entre los 90° y 120°): vehemencia e impulsividad concediéndose poco tiempo para reflexionar pausadamente sobre la conveniencia de sus actos, lo que le puede llevar a compras compulsivas o a la generosidad sin reflexión.

✓ Velocidad rápida-precipitada: (la rapidez en la realización de los trazos puede llegar a ser demasiado rápida, y las letras pueden perder cuidado y legibilidad. Se escriben más de 180-200 letras/minuto): comportamiento primario que le impele a obrar con precipitación y prisa, sin reflexión sobre la necesidad o conveniencia de sus gastos.

✓ Mayúsculas unidas a las minúsculas (al terminar de realizar la mayúscula no se levanta el útil, sino que prosigue para enlazarla con la minúscula que viene a continuación): irreflexión y generosidad hacia los otros que le impele a obrar sin deliberar sobre el beneficio o perjuicio de sus actos.

Me llamo [illegible].
Soy profesora de Ingles.
pero en este momen-
to trabajo como pira-
dora en el canal de
Isabel II.
Tengo 2 hermanos, uno
mayor y otro más pe-
queño que yo.

Página muy espaciada, márgenes grandes, escritura de tamaño grande, curva, progresiva y rápida.

ACTITUD ANTE LAS RELACIONES

ÁREA DE LA COMUNICACIÓN Y EL
CONTACTO INTERPERSONAL

Esta parcela en la que vemos el formato de comunicación e interacción, tanto entre la pareja como con los amigos, familias, etc., es un tema importante y a tener en cuenta.

Tener una persona al lado con la que es posible la argumentación razonada o las conversaciones tranquilas para llegar a pactos, nos facilitará las cosas. Mientras que compartir vida con alguien testarudo, polémico intransigente o cobarde exigirá de nosotros un desgaste tremendo de energía y quizá no conseguir nunca, a pesar del esfuerzo, que nuestro punto de vista sea comprendido, con la frustración que eso conlleva.

Si bien la actitud vital más sociable o menos sociable es algo a tener en cuenta para armonizar comportamientos, también hay otras partes primordiales en este apartado para una buena relación. Por ejemplo, si esta se basa en la sinceridad y honestidad o si va a aparecer la mentira, la deslealtad o la falta de consideración, con el daño que esto puede provocar en los sentimientos del otro.

Es de suponer que preferimos tener a nuestro lado a alguien empático, bondadoso y altruista con el que la vida se convierta en un viaje agradable, mejor que a alguien insensible, cruel, y egoísta con el que la vida se transforme en difícil y dolorosa.

En definitiva, este apartado del análisis nos puede dar mucha luz sobre cómo puede ser la convivencia y el formato de interacción.

Actitud vital extravertida-introvertida

La persona extravertida encuentra sus nutrientes en la relación con las otras personas. Es espontánea y expresa sin dificultad sus sentimientos y opiniones. Se le hace necesario contactar con los otros, estar al tanto de lo que ocurre, contar sus experiencias o ilusiones, desahogarse en un día malo, escuchar a otras personas o echarse unas risas. Es su modo de nutrirse emocionalmente.

La persona introvertida encuentra esos nutrientes en el interior de sí mismo. Es prudente y cauto en la expresión de sentimientos u opiniones. Tiende a conectar con sus pensamientos y sentimientos y a ser muy introspectivo. Disfruta en soledad, meditando, paseando o leyendo un libro. Si tiene un problema, primero ha de procesarlo internamente y encontrar sus propias respuestas. Y solo entonces podrá ponerle voz y compartirlo.

Son dos actitudes vitales que pueden ser muy compatibles si muestran ligeras diferencias, es decir, si una de las personas es ligeramente introvertida y la otra ligeramente extravertida, pues se enriquecerán mutuamente, o si son iguales porque irán al unísono.

La incompatibilidad surgiría si hay grandes diferencias de actitud.

Una persona muy introvertida, que tiende siempre a aislarse, a estar en su mundo, en silencio, en su soledad no iría bien con una pareja que le insta constantemente a salir, a quedar con grupos de amigos, a asistir a fiestas o compromisos sociales. Por lógica, ambos se frustrarán frecuentemente, porque nunca lograrían estar los dos a gusto. Si no asisten, el extravertido se frustrará porque durante todo el tiempo anhelará estar en la reunión. Y, si asisten, lo hará el introvertido que no soportará la incomodidad de los ruidos, las conversaciones y las gentes y únicamente ansiará volver a su espacio privado.

O bien terminarán distanciándose con demasiada frecuencia porque el extravertido decidirá salir para colmar su necesidad de socialización, mientras que el introvertido optará por quedarse en casa solo. Y eso puede quebrar la relación o generar brechas significativas.

Rasgos gráficos de la actitud vital extravertida:

✓ <u>Escritura normal-grande </u>(el tamaño normal de la escritura será que el cuerpo central de la letra (óvalos, "n", "r", "s", etc.) mida entre 2,5 y 3,5 cm. Superando los 3,5 cm será de tamaño grande): persona con un "Yo" que gusta de protagonismo y una actitud vital expansiva.

✓ <u>Escritura extendida</u> (la escritura se ensancha porque prima el movimiento hacia la derecha): talante de avance, de ir hacia los demás, aplomo y generosidad.

✓ <u>Cohesionada o agrupada</u> (las letras han de estar unidas entre sí, sin levantar el útil entre una y otra, al menos en grupos de 3-4 letras juntas): disposición al vínculo, al compromiso y a la comunicación.

✓ <u>Letras inclinadas</u> (el eje axial de las letras se dirige hacia la derecha manteniéndose entre los 90° y 120°): personalidad sentimental con propensión al acercamiento a los demás sin recelo.

✓ <u>Escritura progresiva</u> (es una escritura simplificada en la que se evitan en la medida de lo posible los movimientos hacia atrás): va hacia lo nuevo y hacia los otros con seguridad y decisión.

✓ <u>Escritura curva</u> (se suavizan rasgos que en el modelo caligráfico deberían tener ángulos y se los convierte en trazos curvados): buen humor, generosidad y afabilidad en el trato.

✓ <u>Escritura en guirnaldas</u> (las letras "m", "n" y "h" en lugar de tener arcos en su formación, se dan la vuelta y quedan semejando una "u"): apertura y buena disposición para la comunicación y la receptividad del medio en el que se mueve.

✓ <u>Óvalos abiertos</u> (las letras circulares "o", "a", "g", "d"… dejan una abertura en su circunferencia): el Yo es confiado y capaz de abrirse y mostrarse sin recelos, permitiendo que se acerquen a su interior y le conozcan.

✓ <u>Finales normales o largos dirigidos hacia la derecha</u> (el trazado final de algunas letras se hace del tamaño adecuado o algo mayor de lo que corresponde): deseo de proximidad, de contacto y de tender la mano hacia los otros.

✓ <u>Firma con rúbrica muy sencilla o sin ella</u> (se firma con nombre y apellidos o nombre solo o lo que se acostumbre a poner, pero la rúbrica es un pequeño trazo, sin embrollos o quizá ni siquiera hace rubrica): no se parapeta ni se oculta, no necesita protecciones, y se muestra a los otros como es.

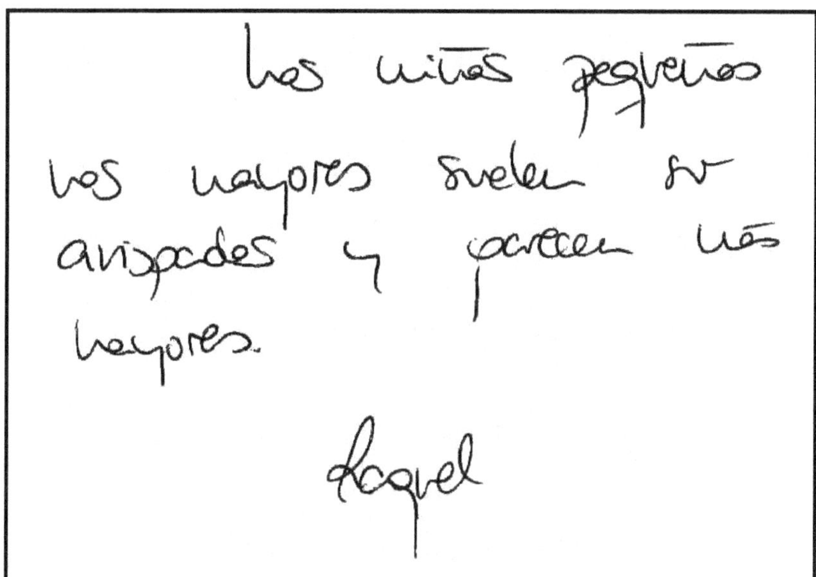

Escritura grande, agrupada, progresiva, curva, en guirnaldas, con óvalo abierto, finales dirigidos hacia la derecha y firma sin rúbrica.

Rasgos gráficos de la actitud vital introvertida:

✓ <u>Tamaño pequeño</u>: (el tamaño normal de la escritura será que el cuerpo central de la misma (óvalos, "n", "r", "s", etc.) mida entre 2,5 y 3,5 mm. Menor de eso consideraremos que es de tamaño pequeño.): tiene un "Yo" que no desea hacerse notar, que prefiere estar en un segundo plano y con propensión al recogimiento.

✓ <u>Escritura apretada en palabras</u> (se empequeñece el espacio adecuado entre letra y letra, y la misma letra se estrecha a sí misma): timidez e inhibición a la hora de ir hacia los demás o interaccionar con ellos.

✓ <u>Espacios interpalabra e interlínea grande</u> (entre palabra y palabra nos debe de caber una "m" del propio escrito, esa sería la medida del interpalabra correcta. Y entre los

105

pies de una línea y las crestas de la siguiente debe entrarnos una "o" del escrito. Mayor de esas medidas es un espaciado grande): gusto por la introspección y la soledad. Necesidad de distancia de los otros y de disfrutar de su propio espacio.

✓ <u>Cohesión desligada</u> (el útil se levanta del papel entre letra y letra y, aunque a veces puedan parecer unidas porque están muy juntas, si observamos, se aprecia que no hay movimiento de unión): poco vínculo y propensión a la actitud solitaria o aislada.

✓ <u>Inclinación invertida</u> (el eje de la letra se deja caer hacia la izquierda quedando entre los 60° y 90°): prudencia, reserva y recelo ante el acercamiento a las otras personas.

✓ <u>Escritura con regresiones</u> (se hacen vueltas o bucles innecesarios haciendo que el trazado vuelva hacia atrás mucho más de lo demandado por el modelo caligráfico): tendencia a volver atrás y a dar vueltas a las situaciones inhibiendo el avance.

✓ <u>Arcos en "m", "n" y "h":</u> (en la formación de estas tres letras se dibuja una arcada): diplomacia, comedimiento, se protege y preserva de la mirada ajena, facilitando la reserva y la intimidad. No le gusta exponerse y dejarse influir por opiniones externas.

✓ <u>Óvalos cerrados</u> (las letras circulares "o", "a", "g", "d"… se cierran bien, evitando dejar ninguna abertura en su circunferencia): el Yo es reservado y evita abrirse y mostrarse, protegiendo de ese modo su mundo íntimo de la intrusión externa.

✓ <u>Finales cortos, inhibidos o dirigidos hacia abajo</u> (el trazado final de algunas letras se queda frenado y de menor tamaño o se dirige hacia la parte inferior en vez de ir hacia la derecha, por ejemplo, el de una "a"): timidez, inseguridad, inhibición y freno de la socialización.

✓ <u>Firma con rúbrica envolvente o con protecciones en la derecha</u> (la rúbrica en su trayecto envuelve al nombre y/o el apellido como protegiéndole en una burbuja o bien ejecuta trazos en vertical a la derecha de la firma como si colocara un muro protector): Cautela ante el acercamiento de otras personas a su mundo íntimo y privado, que protege, volviéndose muy selectivo sobre a quién permite el acceso, para no sentirse invadido.

Escritura pequeña, interpalabra grande, cohesión desligada, en arcos, óvalos cerrados, finales inhibidos y hacia abajo.

Honestidad y claridad – Falsedad y mentira

La persona honesta tiene un comportamiento veraz y sus comunicaciones están basadas en la franqueza y la sinceridad. Huye de las dobleces porque le gusta la transparencia en lo que hace o dice.

Por el contrario, la persona mentirosa tiende a decir medias verdades, a falsear la realidad, alterándola de manera consciente para ocultar algo y manifestando lo contrario de lo que piensa, siente o sabe. Echar cortinas de humo y generar confusión sobre sus comunicaciones es su modus operandi.

Una relación profunda, como es la de pareja, requiere de honestidad y franqueza para poder confiar en el otro y así vivir la relación con serenidad.

La actitud falsa, poco transparente, siempre generará problemas en una relación, pues rompe la confianza básica, que tan importante es en este tipo de relaciones.

Y también es importante esclarecer qué tipo de mentira es, porque una pequeña mentirijilla para evitar un malestar, dentro de que no es lo adecuado, podría ser permisible. Sin embargo, los engaños importantes, las ocultaciones de hechos significativos o el falseamiento de los mismos, van a generar siempre problemas en la relación.

Rasgos gráficos de la actitud sincera:

✓ Escritura ordenada y clara (mantener los márgenes organizados y los espacios correctos evitando que se rocen unas líneas con otras): huye del amontonamiento de ideas o comunicaciones que pueden llevar a confundir, porque busca siempre la claridad y el respeto a los demás.

✓ Escritura legible o semi-legible (que lo escrito pueda leerse con facilidad. Puede que, si es rápida o personalizada, cueste un poco más, pero aún así ha de poder leerse por el contexto): deseo de dejar las cosas claras huyendo de los enredos o los malentendidos.

✓ Tamaño regular (sea cual sea el tamaño en el que escriba, este se mantiene sin grandes variaciones a lo largo de la página): control sobre sí, uniformidad en el trato y la comunicación y comportamiento uniforme y estable.

✓ Escritura proporcionada (las distintas zonas de las letras (hampas, jambas, cuerpo medio, inicios, finales…) mantienen la dimensión apropiada): el Yo lidera adecuadamente sobre las distintas partes de la personalidad no necesitando compensaciones ni utilizar subterfugios y manteniendo pautas de comportamiento estables.

✓ Escritura en guirnaldas (las letras "m", "n" y "h" en lugar de tener arcos en su formación, se dan la vuelta y terminan semejando una "u"): apertura, la persona es receptiva y se muestra como es, sin tapujos ni disimulos, de modo transparente.

✓ Líneas rectas flexibles (las líneas se mantienen rectas, sin ser rígidas, sino con un ligero movimiento, producido por la espontaneidad al escribir, que le aporta flexibilidad): comportamiento dúctil y adaptable a los demás, sin perder su propio criterio y esencia.

✓ Escritura espontánea (se ejecuta con soltura y ligereza sin estar demasiado atento al modelo caligráfico): apertura, franqueza, comportamiento natural, sin freno o control previo por temor a lo que pueda expresar.

✓ Escritura progresiva (es una escritura simplificada en la que se evitan los movimientos hacia atrás): capacidad de socializarse bien, adaptándose a los otros, con generosidad, y evitando enredos y confusiones.

✓ Escritura normal o con simplificaciones que no restan legibilidad (escritura realizada adecuándose al modelo aprendido, pero sin rigidez, con algunas personalizaciones o simplificaciones): tendencia a sintetizar los asuntos, a que estos sean claros, sin embrollos ni intrigas.

✓ Óvalos sin complicaciones y ligeramente abiertos (las letras circulares "o", "a", "g", "d"… se hacen de modo simple, sin dar vueltas o hacer bucles internos, y dejan una ligera abertura en su circunferencia): apertura emocional que le facilita comunicarse sin dobleces ni reservas.

✓ Texto y firma semejante (sin diferencias significativas de tamaño, inclinación, presión, forma, etc., entre la página escrita y la firma): honestidad, transparencia e igualdad entre el Yo sentido y el Yo mostrado.

✓ Firma con rúbrica abierta o sin rúbrica (se firma con nombre y apellidos o nombre solo o lo que se acostumbre a poner, pero la rúbrica, si se ejecuta, es un pequeño trazo, que no envuelve a la firma, o quizá ni siquiera rubrica): apertura honesta y cercana sin protecciones, que permite llegar a él/ella con facilidad.

Página organizada, legible, tamaño regular, proporcionada, en guirnaldas, líneas ectas-flexibles, espontánea, progresiva, con simplificaciones, óvalos ligeramente abiertos, firma semejante a texto y rúbrica sencilla.

Rasgos gráficos de la falsedad:

✓ <u>Página desorganizada y confusa:</u> (la página no está bien estructurada, los márgenes no están cuidados y las letras se amontonan demasiado no dejando el espacio necesario entre palabras y líneas y produciendo choques de letras): tendencia al embrollo y a los líos con comportamiento poco respetuoso con personas y normas sociales.

✓ <u>Ilegibilidad</u> (la escritura, ya sea porque es muy complicada, porque simplifica en exceso o porque hay descuido al hacerla, presenta dificultades para ser leída): escasa atención a su comunicación, a su modo de expresión y a ser entendido. Más bien se aprecia el gusto por la ambigüedad en su expresión.

✓ <u>Tamaño desigual</u> (sea cual sea el tamaño del escrito, la característica es que entre unas letras y otras se producen marcadas diferencias, incluso dentro de la misma palabra): emocionalidad agitada que genera un comportamiento manejado por las emociones y los impulsos, sin demasiado control sobre ellos.

✓ <u>Escritura con desproporciones</u>: (las distintas zonas de las letras (hampas, jambas, cuerpo medio, inicios, finales…) no son estables, sino que su dimensión puede tener diferencias significativas): las distintas tendencias tironean un Yo que no es suficientemente fuerte y seguro para moderar sobre ellas y le agitan en exceso, haciéndole dudar de sí mismo y propiciando las mentiras para resguardar a ese Yo inseguro.

✓ <u>Escritura en arcos</u>: (las letras "m", "n" y "h" se forman con arcadas cerradas por arriba): fingimiento, reserva de su intimidad, ocultación de su verdadero sentir y falta de espontaneidad primando la apariencia sobre su esencia.

✓ <u>Escritura con filiformidades</u> (las letras se estiran en horizontal y, en especial "m", "n" llegan a convertirse en hilos, perdiendo legibilidad): imprecisión en lo que trasmite, actitud escurridiza que busca no asumir sus responsabilidades.

✓ <u>Líneas sinuosas</u>: (las líneas que habrían de mantenerse rectas, se flexibilizan en exceso generando ondulaciones en su transcurso): adaptación de sus valores morales y su código ético a las oportunidades que le ofrece cada momento, en aras de lograr sacar el mayor provecho a la situación. Por ello no podrá ser sincero, porque quizá al rato siguiente podría cambiar de opinión si eso le resultara más beneficioso.

✓ <u>Escritura con regresiones significativas</u> (se hacen vueltas o bucles innecesarios haciendo que el trazado retorne hacia atrás mucho más de lo necesario): su egocentrismo le lleva a complicar las situaciones y a generar enredos para su propia conveniencia.

✓ <u>Bucles en arcos o guirnaldas</u> (en la unión entre los montes de "m" y "n" se generan bucles innecesarios caligráficamente): actitud amable con los demás, pero que no es sincera, sino que busca satisfacer un interés propio y para ello usa de la manipulación y la actitud poco franca.

✓ <u>Escritura inacabada</u> (las letras quedan inconclusas, sin terminar, lo que dificulta el entendimiento de lo escrito): actitud ambivalente y poca claridad, pues se deja siempre un resquicio para poder desdecirse con posterioridad.

✓ <u>Escritura artificiosa</u> (poco espontánea o natural, muy dibujada y decorada, controlando en exceso la forma): escasa honestidad y sinceridad a la hora de mostrarse, prefiere exagerar y enseñar una imagen de sí mismo que, aunque no se corresponde con la realidad, es la que busca que se vea desde fuera.

✓ <u>Exageraciones y complicaciones</u> (se hacen rasgos más grandes de la cuenta y se dan vueltas innecesarias o se añaden adornos que no corresponden): es la manera que tiene la persona de atraer la atención sobre otras cosas, como modo de ocultación de la esencia de sí misma.

✓ <u>Óvalos con complicaciones o realizados al revés</u> (las zonas redondas de las letras "o", "a", "g", "d"… se rellenan de bucles o dan dos vueltas sobre sí mismo o puede que estén ejecutados en el sentido contrario al acostumbrado): persona con exceso de precaución en lo que muestra de sí misma, y ese gran control hace difícil poder conocerla en su totalidad.

✓ <u>Texto y firma diferente</u> (con diferencias significativas de tamaño, inclinación, presión, forma, etc., entre la página escrita y la firma): entre el Yo mostrado y el Yo real hay marcadas diferencias y esa falsificación de sí mismo hace que no sea fácil conocerle.

✓ <u>Rúbrica enmarañada</u> (la rúbrica hace idas y venidas y da vuelta sobre sí misma enredándose): embrollos y confusión que son como una cortina de humo sobre su personalidad, lo que dispersa la atención y hace difícil llegar a la verdadera esencia.

Escritura poco legible, desproporcionada, línea sinuosa, inacabada y filiforme.

Página confusa, desproporciones, en arcos, artificiosa, con exageraciones y complicaciones.

<u>Personalidad altruista – Personalidad egoísta</u>

A la persona altruista le complace el bien ajeno. No le importa sacrificarse abnegadamente por la felicidad de los demás, aunque eso vaya en detrimento de sí misma, pues tiene una actitud desinteresada y generosa.

La persona egoísta, por el contrario, tiene un inmoderado y excesivo amor por sí misma. En el centro de sus miras siempre está ella y todo lo que sea para su propio interés y beneficio, sin importarle las necesidades del otro. Y es por eso que subordina el interés ajeno al suyo propio.

Lógicamente, una relación funcionará muy bien si ambos son generosos, puesto que se ocuparán uno del otro procurando que se sientan bien.

Si las diferencias son ligeras, y uno es solo un poco egoísta, pero el otro es altruista puede ir bien. Aunque, como es fácilmente deducible, el generoso siempre saldrá perdiendo pues se donará mucho más.

Pero los problemas surgirán forzosamente cuando el grado de egoísmo es marcado en uno de ellos, porque el generoso terminará por cansarse y vaciarse de tanto donarse.

Y, por supuesto, habrá conflictos claros cuando los dos son egoístas, porque cada uno se preocupará en exclusiva por su interés propio sin atender al otro.

Esto último, si además se une a la inseguridad, generará comportamientos más patológicos como los celos, la envidia o la desconfianza, que derivarán en la tendencia a vigilar, dominar y poseer al otro por el temor a perderlo.

Rasgos gráficos de la generosidad:

✓ Página aireada (con amplio espacio entre palabras y líneas): no le gusta atosigar o invadir el espacio del otro.

Por el contrario, respeta dejando sus espacios y tiempos a la otra persona.

✓ Margen izquierdo grande y/o creciente (el margen izquierdo mide más de los 2,5 cm que es la medida adecuada, y/o a lo largo de la página aún se hace más amplio): actitud sociable y dadivosa. Deseo y placer por ir y compartir con los demás.

✓ Escritura progresiva (es una escritura simplificada en la que se evitan los movimientos hacia atrás): avance hacia los otros, gusto por cooperar con las personas, prodigalidad.

✓ Escritura extendida (la escritura se ensancha porque prima el movimiento hacia la derecha): capacidad de donación y de atención al otro.

✓ Escritura grande (el tamaño normal de la escritura será que el cuerpo central de la letra (óvalos, "n", "r", "s", etc.) mida entre 2,5 y 3,5 mm. Mayor de eso será de tamaño grande): expansión de la personalidad que se vuelca hacia los demás, sociabilidad.

✓ Letras inclinadas (el eje central de las letras se dirige hacia la derecha manteniéndose entre los 90º y 120º): buenos sentimientos, cercanía y sensibilidad hacia las necesidades de los otros.

✓ Escritura espontánea (se ejecuta con soltura y ligereza sin estar demasiado atento al modelo caligráfico): naturalidad en el trato, sencillez e improvisación, sin pensar en apariencias o conveniencias.

✓ Escritura ágil (rápida, sencilla, sin complicarse en vueltas innecesarias): naturalidad, espontaneidad y presteza en la respuesta.

✓ <u>Escritura curva</u> (se suavizan rasgos que en el modelo caligráfico deberían tener ángulos y se los convierte en trazos curvados): buenos sentimientos y prodigalidad.

✓ <u>Cohesión ligada</u> (las letras dentro de la palabra están hechas casi todas de una vez, sin levantamiento del útil): capacidad para donarse y para vincularse con las otras personas.

✓ <u>Finales largos y curvos</u> (el trazo final de algunas letras se hace algo mayor de lo que corresponde y en forma de guirnalda): tendencia al acercamiento espontáneo y cálido hacia los demás con pretensión de ayuda.

✓ <u>Óvalos abiertos</u> (las letras circulares "o", "a", "g", "d"… dejan una abertura en su circunferencia): apertura espontánea y sin dobleces del Yo en las relaciones.

✓ <u>Mayúsculas unidas a las minúsculas</u> (al terminar de realizar la mayúscula no se levanta el útil, sino que prosigue para enlazarla con la minúscula que viene a continuación): donación sin reserva, sin detenerse a pensar si eso es conveniente para él o sus necesidades, anteponiendo de modo instintivo las del otro.

> He venido hoy aquí salir de la situación en encuentro.
> Necento un cambio.

Página aireada, progresiva, extendida, espontánea, rápida, curva, finales largos y curvos, óvalos abiertos, y mayúscula unida a minúscula.

Rasgos gráficos del egoísmo:

- ✓ <u>Página condensada</u> (la escritura ocupa más espacio del adecuado, no dejando los blancos y espacios requeridos entre palabras, líneas y márgenes): todos sus recursos los ocupa para sí mismo, sin dejar resquicio para los otros.

- ✓ <u>Márgenes pequeños</u>: (el tamaño aproximado de los márgenes es: superior 1,5, izquierdo 2,5 y derecho 1 centímetros. Un margen pequeño es el que no respeta esas medidas y aprovecha más el espacio en blanco para la escritura): gran aprovechamiento de todo lo que haya en su haber.

- ✓ <u>Escritura regresiva</u> (se hacen vueltas o bucles innecesarios haciendo que el trazado vuelva hacia atrás mucho más de lo obligatorio): tendencia a acaparar y a recoger para sí.

- ✓ <u>Escritura apretada</u> (se empequeñece el espacio adecuado entre letra y letra, y la misma letra se estrecha a sí misma):

tendencia a la avaricia, inhibición de cualquier gesto de donación hacia los demás.

✓ Tamaño pequeño: (el tamaño normal de la letra será que el cuerpo central de la escritura (óvalos, "n", "r", "s", etc.) mida entre 2,5 y 3,5 mm. Menor de eso será de tamaño pequeño): introversión, personalidad que se vuelca hacia su interior, en atenderse a sí mismo, sin ocuparse del entorno.

✓ Inclinación invertida (el eje de la letra se deja caer hacia la izquierda quedando entre los 60º y 90º): exceso de precaución y de cautela en la relación con los demás, que inhibe la dádiva.

✓ Escritura angulosa (cuando trazos que caligráficamente han de ser curvos se endurecen y se cambian por ángulos. Suele dar la impresión de que, si pudiéramos pasar la mano por debajo del cuerpo central, nos pincharíamos): freno e intransigencia. La afectividad va vinculada a su beneficio propio, con la pretensión de que los demás estén pendientes de él.

✓ Pies estrechos y angulosos (el ojal de las jambas apenas tiene luz o incluso se superpone el trazo de subida sobre el de descenso, y el vértice inferior no es curvo sino con una arista): deseo aprovechado de placer propio.

✓ Cohesión desligada (el útil se levanta del papel entre letra y letra y, aunque a veces puedan parecer unidas porque están muy juntas, se aprecia que no hay movimiento de unión): dificultades a la hora del vínculo afectivo y la donación.

✓ Escritura adosada (las letras parece que están unidas porque aparecen juntas, pero no es así, están apoyadas unas con otras e, incluso, pisándose, superponiendo parte de la letra en la anterior): vinculación aparente, que no real, pues va en busca de la protección y el apoyo que necesita, dada su inseguridad que le hace depender.

✓ <u>Finales cortos o regresivos con ganchos o arpones</u> (el trazado final de algunas letras se queda más corto o detenido con un pequeño retroceso en forma de gancho, curvado, o arpón, anguloso): freno del impulso generoso que se cambia por la tendencia a acaparar, tanto bienes como afectos.

✓ <u>Finales que se adentran en zona inferior</u> (los finales que deberían dirigirse caligráficamente hacia la derecha, no avanzan sino que descienden): búsqueda de bienes materiales encontrando placer en acumularlos.

✓ <u>Óvalos cerrados o rellenos</u> (las letras circulares "o", "a", "g", "d"… se cierran bien, evitando dejar ninguna abertura en su circunferencia e incluso se forman bucles dentro de sí mismo): Yo protegido y hermético al que no es fácil acceder.

✓ <u>Mayúsculas desligadas de las minúsculas</u> (al terminar de hacer la mayúscula el sujeto levanta el útil antes de encarar la ejecución de la minúscula que sigue, por lo que ambas no están unidas, aunque puedan estar juntas): reflexión previa antes de cualquier acto de donación.

✓ <u>"U", "u", "V" y "v" en forma de bolsa</u> (en vez de terminar avanzando hacia la derecha, como es lo esperado caligráficamente hablando, el final retrocede cerrando un poco la letra): tendencia interesada a acaparar y acumular bienes, cariño o cualquier otra cosa.

> Yo como persona, siempre he sido muy tímida, desde pequeña y aún lo sigo siendo, a veces. Evito las discusiones, no me gustan porque pienso que los demás tienen razón y no me voy a saber defender, osea, que siempre doy la razón a los demás.
> Me ilusiono y emociono con mucha facilidad, soy poco cariñosa, nada manipulativa ni egoísta. A veces cuando me hieren quiero ser rencorosa, pero con el tiempo se me pasa y el rencor desaparece. Muchas veces soy demasiado buena y la gente se aprovecha de mi, pero es que soy incapaz de hacer daño a nadie, y muchas veces de decir un simple "NO".

Página condensada, margen izquierdo pequeño, regresiva, apretada, pequeña, invertida, desligada, adosada, finales cortos, óvalos cerrados, mayúscula separada de minúscula, alguna "u" en saquito.

Bondadoso y compasivo – Cruel y malvado

La persona bondadosa tiene un sentimiento de buena voluntad hacia los demás, con una disposición natural a hacer el bien. Su actitud es tolerante y cuidadosa hacia los otros, empatizando con ellos y sus necesidades y volcándose para atenderlas.

La persona cruel tiene un instinto sádico de agresión que le lleva a perjudicar o producir daño moral o humillaciones a los otros, en especial a los que considera más vulnerables; disfruta con el daño ajeno y su actitud es dada al resentimiento y a la venganza.

La crueldad siempre será perjudicial puesto que es un factor muy negativo en cualquier tipo de relación. Hemos de entender que nadie puede ser feliz recibiendo daño de la persona que tiene al lado, en la que confía y quiere.

Por ello, para que una relación funcione se hace necesario un cierto grado de empatía, sensibilidad, atención y cuidado de la otra persona.

Rasgos gráficos de la personalidad bondadosa:

- ✓ <u>Organizada, limpia, aireada y sin roces</u> (con buena distribución de los espacios en la página, que son amplios y no se rozan las líneas entre sí, y respetando y organizando los márgenes): sin invasiones ni imposiciones, respetando las ideas, pertenencias o tiempos del otro.

- ✓ <u>Margen izquierdo grande y/o creciente</u> (la medida del margen izquierdo es sobre 2,5 cm. Entendemos que es grande cuando supera esa medida. A veces no la supera desde el inicio, pero sí según avanza la página, eso es un margen creciente): tendencia natural a acercarse a los demás, a donarse que, aunque en un principio abogue por la prudencia, termina por emerger.

- ✓ <u>Tamaño regular</u> (sea cual sea el tamaño en el que escriba, este se mantiene sin grandes variaciones a lo largo de la palabra y de la página): control y regulación de las emociones para que fluyan sin descontroles ni disparos imprevistos de mal genio.

- ✓ <u>Escritura curva, redondeada en la base y en las uniones:</u> (se suavizan rasgos que en el modelo caligráfico deberían tener ángulos y se los convierte en trazos curvilíneos, en especial en las uniones de letras y en óvalos: "o", "a", "g"…): personalidad conciliadora y suave, que lima asperezas evitando las actitudes intransigentes o caer en animadversiones.

- ✓ <u>Cohesión agrupada-ligada</u> (las letras están unidas entre sí, sin levantar el útil, o al menos se forman grupos de 4-5 letras): cercanía a las personas y facilidad para crear vínculos sólidos y duraderos.

✓ Escritura progresiva (es una escritura simplificada en la que se evitan los movimientos hacia atrás): tendencia innata al acercamiento a las personas.

✓ Escritura en guirnaldas (las letras "m", "n" y "h" en lugar de tener arcos en su formación, estos se dan la vuelta y semejan "u"): sinceridad, apertura, escucha atenta y receptividad.

✓ Escritura espontánea (se ejecuta con soltura y ligereza sin estar demasiado atento al modelo caligráfico): respuesta natural y sencilla sin dobleces ni mentiras.

✓ Letras inclinadas (el eje axial de las letras se dirige hacia la derecha manteniéndose entre los 90° y 120°): afectividad y gusto por el contacto con las personas.

✓ Óvalos abiertos (las letras circulares "o", "a", "g", "d"… dejan una abertura en su circunferencia): receptividad y apertura del Yo al que es fácil acercarse porque lo propicia.

Página aireada, sin roces, curva, agrupada, progresiva, algunas guirnaldas, espontánea y óvalos abiertos.

Rasgos gráficos de la crueldad:

✓ Página confusa, con invasiones: (sin el espacio necesario en márgenes, entre palabras y entre letras. Todo se amontona demasiado pudiendo llegar a darse choques entre las letras de unas líneas y otras): invasión sin respeto a las otras personas, irrumpiendo en sus tiempos, sus espacios o sus cuerpos, sin tener en consideración sus opiniones.

✓ <u>Escritura angulosa en especial en la zona baja de los óvalos y en las uniones:</u> (cuando trazos que caligráficamente han de ser curvos se endurecen y se cambian por ángulos, dando, en este caso, una mayor impresión en las uniones entre letras y las "o", "a", "g"…): tendencia al resentimiento, intransigencia y dureza en las interacciones personales.

✓ <u>Presión fuerte y rígida</u> (la presión que se ejerce sobre el papel al escribir es muy enérgica, pudiendo notarse muy bien el surco por el reverso del papel, y, además, la escritura es tensa, saturada de líneas rectas y aristas): le produce satisfacción imponer su criterio, sin empatía, de modo duro y tajante.

✓ <u>Tamaño decreciente o irregular</u> (decreciente: la palabra comienza con un tamaño, sea el que sea, y a lo largo de su formación va disminuyendo de manera constante ese tamaño, terminando más pequeña de cómo empezó. Irregular: el tamaño es variable entre las letras de la misma palabra): capacidad para empatizar o penetrar en el otro, aptitud que puede ser mal utilizada para conocer sus puntos débiles e incidir sobre ellos, dañándole.

✓ <u>Inclinación vertical/invertida</u> (el eje de la letra se mantiene recto, en los 90º, o deja caer hacia la izquierda quedando entre los 60º y 90º): cautela o exceso de prudencia producido por una actitud desconfiada que le hace estar receloso y a la defensiva.

- ✓ Escritura en arcos (las letras "m", "n" y "h" están formadas por arcadas cerradas por arriba): no se da escucha o apertura a los demás, manteniéndose cerrado en sus propias ideas.

- ✓ Escritura regresiva (se realizan vueltas o bucles innecesarios haciendo que el trazado retorne hacia atrás mucho más de lo requerido): egoísmo, centrado solo en sí sin ninguna actitud de donación o generosidad.

- ✓ Invasiones de trazos que pinchan a otras letras (algunas partes de letras, sin respetar el espacio, se adentran en el terreno de otras, pinchándolas): falta de respeto, irrupción en el espacio de los demás pudiendo ser esta cruel, dañina y agresiva.

- ✓ Travesaños y finales lanzados y terminados en aguja (los gestos que se dirigen hacia la derecha como travesaños de "t" y "ñ" o finales de letra terminan afinándose, como punta de alfiler): inteligencia afinada, sagaz, penetrante que se usa para la comunicación sarcástica, ironizando sobre lo que pueden ser puntos débiles del otro.

- ✓ Golpes de látigo o sable (gesto que, de modo muy rápido, retrocede y vuelve a avanzar. Si forma bucles en esos gestos sería un golpe de látigo. Si son más duros y forman ángulos sería un golpe de sable): respuesta instantánea, rauda, que puede ser dura y cruel.

- ✓ Rasgos agresivos (se forman en las letras triángulos, garra de gato, rasgo del escorpión, diente de jabalí, acerados y/o arpones en vertical o hacia la derecha…): dureza, crueldad y sadismo.

- ✓ Rúbrica con ángulos o acerados hacia la derecha (en la formación de la rúbrica predominan los trazos secos, tensos, con aristas o puntas de aguja dirigidos hacia la derecha): sadismo, tendencia a volcar el malestar propio en los demás. Mecanismo de proyección.

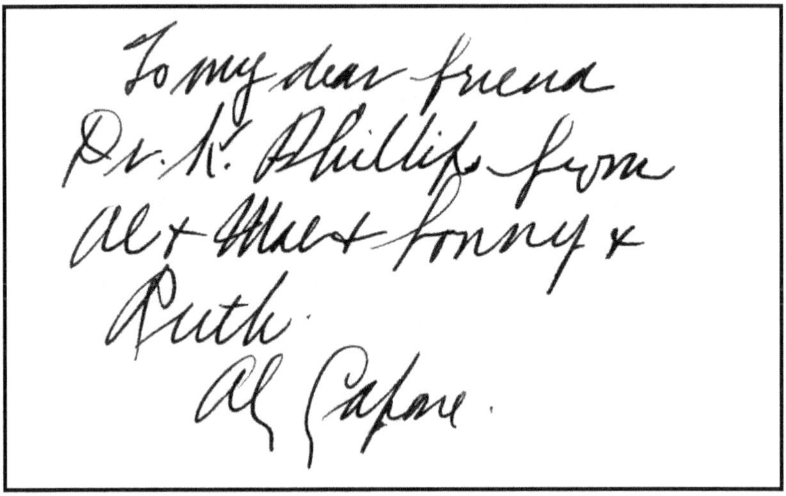
To my dear friend
Dr. K. Phillips from
Al + Mae + Sonny +
Ruth.
Al Capone.

(Escritura y firma de Alcapone)

Escritura confusa, angulosa, presión rígida, tamaño irregular, invasión de trazos, golpes de látigo

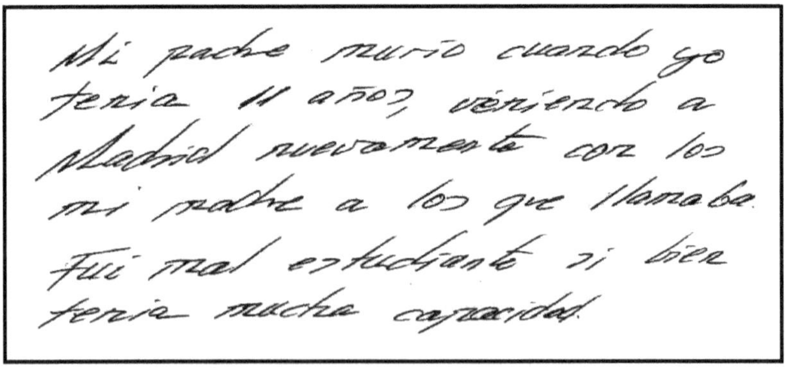
Mi padre murió cuando yo
tenía 11 años, viniendo a
Madrid nuevamente con los
mi padre a los que llamaba.
Fui mal estudiante si bien
tenía mucha capacidad.

Página condensada, angulosa, presión rígida, arcos, travesaños y finales acerados, diente de jabalí,

Actitud empática y asertiva - Actitud intransigente, polémica, testaruda o cobarde

Solo hay un modo de respuesta que facilita las interacciones personales. Este es el de la persona que escucha serenamente, reflexiona y razona, dando una respuesta coherente, desde la asertividad, defendiendo sus criterios y respetando a la vez al otro. La persona empática logra ponerse en el lugar de los demás entendiendo sus actitudes y sentimientos, aunque no necesariamente ha de compartirlos. Eso hace de ella alguien tolerante y comprensiva.

No obstante, hay otras formas de respuesta que siempre generarán conflicto. Estas respuestas serán: intransigentes, polémicas, testarudas o cobardes.

La respuesta intransigente, es dura e inflexible. Considera que sus pensamientos e ideas son los únicos válidos, no deteniéndose nunca a intentar comprender otras opiniones, comportamientos o pareceres. Y tiende a la coacción y a la exigencia, imponiendo su criterio a los demás con dureza.

La respuesta polémica u oposicionista, es típica de la persona rebelde y controvertida, que afirma su personalidad estando en desacuerdo con el otro. Porque sí, sin escuchar ni razonar ningún argumento. No cabe duda que es una persona insegura y que esa controversia, ese cuestionar todo lo que dicen los demás, es el medio que usa para creerse que queda por encima de los demás.

La respuesta obstinada en sus opiniones, pertenece al sujeto que afirma su personalidad aferrándose con tozudez a sus puntos de vista. Puede que en el fondo sepa que no tiene razón, pero aún así es incapaz de modificar su criterio tras escuchar a la otra persona. Y esto es debido a un temor interno que le lleva a pensar que, si variara o matizara su opinión al escuchar otros razonamientos, significaría que se está disminuyendo o minusvalorando a sí mismo ante los demás. Y eso es algo que no se puede permitir.

La respuesta cobarde es una respuesta casi sin respuesta, podríamos decir que es una respuesta evitativa. La persona cobarde elude responder, dar la cara y asumir de frente lo que sea. Deja correr las situaciones sin resolverlas, miente (además con mentiras muy tontas), inventándose excusas sobre la marcha, y huyendo de las confrontaciones, porque no sabe cómo manejarlas.

La actitud de las personas intransigentes, polémicas y obstinadas, son mecanismos de defensa para compensar inseguridades internas, intentando tener razón de algún modo. Pero eso hace que con ellas no sea posible razonar dificultando el diálogo.

La actitud de la persona cobarde, es de huida, y también parte de una inseguridad de fondo, que le hace no saber cómo encarar las situaciones. Con esa actitud huidiza imposibilita la confrontación directa y franca. Es obvio que se hará muy difícil la comunicación o la resolución de problemas con ellos.

Lo idóneo para una buena comunicación es que ambos tuvieran una actitud de escucha activa, de empatía y sensibilidad hacia el otro, y de respuesta asertiva y razonada.

Si uno es ligeramente intransigente, polémico u obstinado y el otro asertivo, pueden llegar a manejarse las situaciones.

Pero si las actitudes negativas (la polémica, la terquedad o la intransigencia) son muy acentuadas, surgirán los problemas en la comunicación.

Y si la respuesta no existe, como en la actitud cobarde, si se evita dar la cara, responder con franqueza o encarar las situaciones de frente, la otra persona se va a frustrar siempre, porque todo se va a quedar inconcluso, sin aclarar.

Rasgos gráficos de la persona empática y asertiva:

- ✓ <u>Escritura clara</u> (que entre las líneas y las palabras haya el espacio adecuado y no se rocen entre sí): capaz de tomar distancia de las cuestiones para entenderlas bien y expresarse después sin embrollos, buscando la claridad en la comunicación.

- ✓ <u>Escritura mezcla de ángulo-curva</u> (la escritura es firme, consistente, pero sin dureza, trazando curvas en las zonas necesarias y ángulos cuando así lo requiere la letra): capaz de ser firme y a la vez conciliador, sin necesidad de tener que ser intransigente para afirmarse.

- ✓ <u>Ligeras variaciones en los distintos géneros</u> (en_ tamaño, forma, cohesión… se producen variaciones menudas, que no dan sensación de desequilibrio, porque son muy moderadas): naturaleza perceptiva, sensible y abierta que le hacen ser receptivo y mantener una escucha activa, entendiendo al otro de manera muy natural.

- ✓ <u>Escritura agrupada-ligada</u> (las letras han de estar unidas entre sí, sin levantar el útil entre una y otra, al menos que se den grupos de 3-4 letras juntas. Recordemos que no se ha de confundir estar juntas, pegadas, con estar unidas, ligadas): excelente capacidad para moverse entre la comunicación activa con las otras personas y sus espacios de introspección, en los que reflexiona y se aclara.

- ✓ <u>Escritura de velocidad mesurada</u>: (la velocidad a la que se escribe es controlada, pausada, sin llegar a ser lenta, sobre unas 100 letras/minuto): prudente, no le gusta precipitarse, por lo que se da el tiempo adecuado para reflexionar sobre la respuesta más coherente y justa.

✓ <u>Escritura recta</u> (el eje central de las letras se mantiene vertical, sobre los 90°): desea ser ecuánime y con sentido de la justicia y para ello, como medio de evitar la subjetividad, ejerce control sobre sus emociones.

✓ <u>Escritura en guirnaldas</u> (las letras "m", "n" y "h" en lugar de tener arcos en su formación, esos arcos se dan la vuelta y semejan "u"): apertura, receptividad, honestidad y franqueza.

✓ <u>Travesaños de "t" horizontales</u> (el travesaño no desciende ni asciende, consigue mantenerse horizontal a lo largo de su trayectoria): capacidad de razonamiento, sin necesitar el uso de mecanismos de defensa compensatorios.

✓ <u>Finales mesurados</u> (el trazado final de algunas letras se hace del tamaño correcto y un poco contenido): control sobre lo que expresa, evitando dejarse llevar por los impulsos primarios.

✓ <u>Óvalos ligeramente abiertos</u> (las letras circulares "o", "a", "g", "d"… dejan una ligera abertura en su circunferencia): apertura del Yo, que es receptivo a los otros, lo que le facilita la comunicación de sentimientos.

✓ <u>Puntos o acentos normales</u> (no se hacen en círculo, ni en vírgula, ni más grandes de la cuenta, etc., sino de un tamaño proporcional a esa escritura): equidad en lo que piensa, sopesando adecuadamente para darle el valor justo a cada cosa, sin darle demasiada importancia a nimiedades.

✓ <u>Firma horizontal o ligeramente ascendente</u> (a lo largo de su trazado consigue mantener la horizontalidad o asciende menos de 10°): deseos de crecimiento y evolución basándose en sus capacidades, sin tener que pisar o aprovecharse de nadie para destacar.

Escritura clara, de velocidad mesurada, con ligeras variaciones en los distintos géneros, agrupada, recta, finales mesurados, algunos óvalos abiertos, travesaños de "t" horizontales, puntos y acentos normales y firma horizontal.

Rasgos gráficos del intransigente:

✓ <u>Escritura rígida, tensa</u> (la escritura no fluye, está como frenada, sin elasticidad, generando trazos rígidos, inflexibles y llenos de aristas): tensión interna que le hace basarse en normas rígidas, autoimpuestas, y que proyecta y exige de igual modo a las personas con las que se relaciona.

✓ <u>Líneas muy rectas</u> (en este caso las líneas son de rectitud estricta, sin ese ligero movimiento ondulatorio propio de la espontaneidad al escribir): rigidez en su comportamiento. Su forma de conducta establece pautas previas, que después se obliga a seguir de modo inflexible. Y eso lo traslada a su entorno obligando y exigiendo a los demás hacer lo mismo.

✓ <u>Escritura con predominio de ángulos bastante cerrados</u> (los trazos que caligráficamente han de ser curvos se endurecen y se cambian por aristas muy cerradas, generando ángulos agudos): dureza, intolerancia e inflexibilidad en el trato con los demás a los que quiere siempre imponer sus criterios.

✓ Escritura cuadrada (las partes que han de ser redondas u ovaladas, como "a", "g", "d" "m", "n", etc., tienen un formato como de cuadro, haciendo que, por ejemplo, una "a" tenga cuatro aristas, cuando no tendría que tener ninguna): inamovible, de ideas fijas, cuadriculadas y con actitud de cerrazón hacia cualquier opinión del entorno, porque le da seguridad lo estructurado, y desde ahí, desde ese formato de eso que le da seguridad, se lo impone al otro.

✓ Paralelismo en los ejes axiales (las letras tienen todas el mismo grado de inclinación (da igual que sean rectas, inclinadas o invertidas), sin variaciones entre sí): escasa sensibilidad y falta de empatía para ponerse en el lugar de los demás.

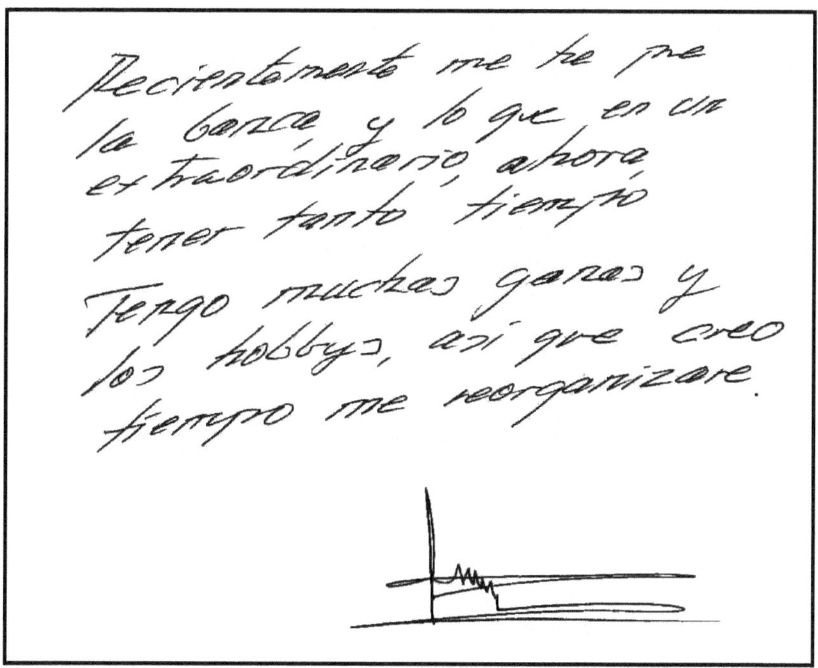

Escritura rígida, tensa, líneas rectas, claro predominio del ángulo, escritura cuadrada en "m", "h" y "n" y paralelismo en los ejes axiales.

Rasgos gráficos del oposicionista:

✓ <u>Escritura angulosa</u> (cuando trazos que caligráficamente han de ser curvos se endurecen y se cambian por aristas. Suele dar la impresión de que, si pudiéramos pasar la mano por debajo del cuerpo central, nos pincharíamos): intransigencia, dureza e inflexibilidad en sus criterios.

✓ <u>Travesaño de "t" ascendente</u> (el travesaño de la "t" se realiza ascendiendo en su trayectoria y terminando más arriba de donde comenzó): actitud bélica (como si llevara la lanza en alto), con tendencia a cuestionar normas u opiniones, sobre todo de las personas que considera que pueden tener influencia o estar en un puesto de poder sobre él.

✓ <u>Finales y acentos dirigidos hacia arriba</u> (finales de letra, puntos o acentos tienen una trayectoria oblicua terminando más altos de donde comenzaron): personalidad controvertida que encuentra gusto por debatir y cuestionar todo.

✓ <u>Escritura ascendente</u> (las líneas, en su trayecto de izquierda a derecha, van subiendo y terminan más arriba de donde empezaron): fogosidad, exaltación nerviosa que hace que le cueste controlar sus impulsos.

✓ <u>Inclinación invertida</u> (el eje de la letra se deja caer hacia la izquierda quedando entre los 60° y 90°): resistencia para adaptarse al medio, rebeldía y oposición a las influencias externas.

✓ <u>Escritura oscilante</u> (los ejes axiales de las letras no mantienen un denominador común y podemos encontrarlos rectos, invertidos o inclinados, incluso dentro de la misma palabra): Yo débil con sensibilidad a flor de piel y temor al daño lo que le hace oposicionista, rebelde e hipercrítico y le impulsa a tener reacciones impredecibles.

✓ <u>Torsiones abiertas a la izquierda</u> (las letras que en su formación tienen un trazo vertical no consiguen mantenerse con ese rasgo vertical recto, sino que se comban, en este caso creando un dibujo como el signo de cerrar paréntesis "**)**"): actitud defensiva y recelosa, desconfiando de las personas, lo que le hace tener reacciones de defensa y ataque, aunque no haya peligro real.

✓ <u>Pies angulosos y/o triangulares</u> (los pies o jambas de la escritura, en vez de formar un bucle con base redondeada, hace un ojal con base angulosa o lo forman con dos ángulos creando un triángulo): predisposición inflexible y rígida que le lleva a oponerse por norma a las opiniones, críticas u órdenes de los otros, lo que dificulta el diálogo.

✓ Golpes de látigo o sable (gesto que, de modo muy rápido, retrocede y vuelve a avanzar. Si forma bucles suaves en esos gestos, sería un golpe de látigo. Si los gestos son más duros y forman ángulos, sería un golpe de sable): prontitud en la respuesta, que puede ser suave, hábil y manipuladora (golpe de látigo) o de ataque duro, incluso cruel (golpe de sable).

✓ Firma ascendente (la firma en su trayectoria de principio a fin va subiendo, terminando más arriba de donde empezó, más de 10°): expectativas utópicas sobre sí mismo, que le hacen tener una visión sesgada de la realidad, pero que no admite una impresión razonada desde fuera.

Escritura con travesaños de "t" dirigidos hacia arriba, punto dirigido hacia arriba, ascendente y con algunas crestas con ángulo.

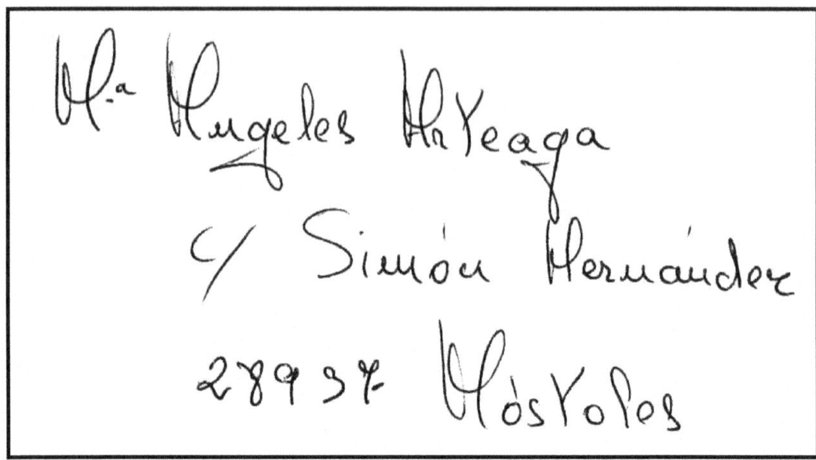

Escritura con travesaños de "t" dirigidos hacia arriba, ligeramente invertida, con torsiones abiertas a la izquierda, ángulos en pies y golpes de sable-látigo.

Rasgos gráficos del testarudo:

- ✓ <u>Escritura angulosa</u> (cuando trazos que caligráficamente han de ser curvos se endurecen y se cambian por aristas. Suele dar la impresión de que, si pudiéramos pasar la mano por debajo del cuerpo central, nos pincharíamos): inflexibilidad para escuchar de manera abierta y aceptar otras opiniones.

- ✓ <u>Travesaños de "t" descendentes</u>: (el travesaño de la "t" se realiza en oblicuo, terminando más bajo de donde comenzó): tendencia a bajar la cabeza con terquedad, tapándose los oídos para ignorar otras opiniones y aferrándose a sus ideas.

- ✓ <u>Barra de "t" descendente ligeramente y/o con gancho o maza</u> (el travesaño de la "t" se realiza terminando más abajo de donde comenzó. Puede que el final tenga un gesto de retroceso que forma una especie de gancho o que finalice aumentando la presión, en forma de maza):

136

resistencia a escuchar a otros o reflexionar, más bien al contrario, se cierra a oír otras opiniones y se aferra con tozudez a lo que él piensa.

✓ Escritura inclinada-muy inclinada (el eje axial de las letras se tumba hacia la derecha más de 90° pudiendo superar los 120°): apasionamiento e impulsividad que le enturbia la visión clara y le lleva a caer en la ofuscación.

✓ Escritura con regresiones significativas (se hacen vueltas o bucles innecesarios haciendo que el trazado vuelva hacia atrás mucho más de lo requerido): apego a lo que conoce, a lo que retorna una y otra vez, y poca apertura a innovar, cambiar o adaptarse a nuevas situaciones o personas.

✓ Finales y acentos dirigidos hacia abajo (finales de letra, puntos o acentos tienen una trayectoria oblicua terminando más bajos de donde comenzaron): aferramiento terco a sus ideas, tornándose sordo a cualquier otra opinión.

✓ Triángulos en el escrito (aparecen formas triangulares en pies, crestas, golpes de sable, etc.): inflexible y asido con rigidez a sus ideas rechazando cualquier otra aportación, lo que obstaculiza el diálogo.

✓ Torsiones abiertas a la derecha (las letras que tienen un trazo vertical no consiguen mantenerse con un rasgo recto, sino que se comban, en este caso creando un dibujo como el signo de abrir paréntesis "("): poco abierto a opiniones del entorno más cercano, de las que se protege.

✓ Firma descendente (la firma en su trayecto de izquierda a derecha va bajando en la línea, terminando más abajo de donde se inició): ofuscación en sus pensamientos, sin abrir el enfoque, lo que le puede llevar a la tristeza al no ver otras salidas.

✓ <u>Finales en gancho</u> (el trazado final de algunas letras remata con un gesto de retroceso en forma de ángulo): aferramiento porfiado a las ideas que considera adecuadas, sin abrirse a la innovación o las nuevas informaciones.

Escritura inclinada, con travesaños de "t" hacia abajo y escritura y rúbrica descendente.

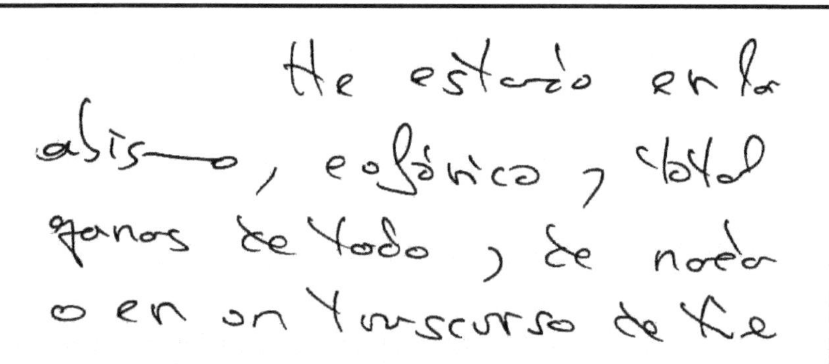

Escritura con travesaños de "t" muy descendentes, finales, puntos y acentos descendentes, triángulo en "g", torsiones abiertas a la derecha y líneas algo descendentes.

Rasgos gráficos del cobarde:

✓ Escritura de presión débil (el útil pasa casi sin fuerza por el papel, dejando una huella frágil): la confrontación con los problemas o adversidades le debilita y se queda sin recursos para solucionarlos.

✓ Margen derecho grande (el margen derecho debe de tener 1 cm aproximadamente. En este caso puede que llegue a los 2-3 cm o más): le genera ansiedad y le paraliza el temor a encarar lo desconocido, a salir de su zona de confort o asumir algún tipo de riesgo.

✓ Inclinación recta o invertida (los ejes de las letras estarán entre los 90°-60°): exceso de cautela, que puede pasar a temor si duda de sus recursos para manejar la situación.

✓ Escritura en arcos (las "m", "n" y "h" están formados por arcadas): protección de su intimidad, reservándose con ahínco lo que piensa y comunicándose con poca transparencia, cayendo demasiado a menudo en la falsedad.

✓ Escritura con mezcla de arco y filiforme (las "m", "n" y "h" están formados por arcadas muy extendidas que llegan a perder su forma y se quedan como una serpentina): actitud escurridiza, poco clara, que dice sin dejar claro lo que dice, para tener después opción de escape o poder retractarse de lo dicho sin asumir la responsabilidad.

✓ Escritura con mezcla de mayúsculas y minúsculas (en el trazado aparecen letras mayúsculas donde no le corresponde, mezcladas aleatoriamente con las minúsculas): poca adaptación a normas sociales y éticas, variándolas a su beneficio cuando le viene bien.

✓ Escritura en mayúsculas (todo el escrito está realizado en letras mayúsculas, también donde deberían estar las minúsculas): protección de su Yo que no se muestra y que se esconde tras la representación de un personaje, creado por él mismo y con el que se identifica.

✓ Finales de letras cortos y quizá hacia abajo (los rasgos finales que han de ir hacia la derecha se quedan cortados con menos dimensión de la esperada o caen en un gesto blando hacia abajo): freno y evitación del contacto y la comunicación por debilidad ante esas situaciones.

✓ Firma ilegible (si se le pregunta qué pone en su firma dice que nada, que un garabato): personalidad escurridiza, poco clara, que no sabe qué mostrar de sí mismo y que procura enseñar lo mínimo posible.

✓ Firma en la izquierda o el centro (la firma se sitúa entre el centro de la página y el margen izquierdo): inseguridad, temor a no tener recursos ante los retos nuevos o las interacciones personales, por lo que se queda atrapado en terrenos conocidos o que le den cierta seguridad.

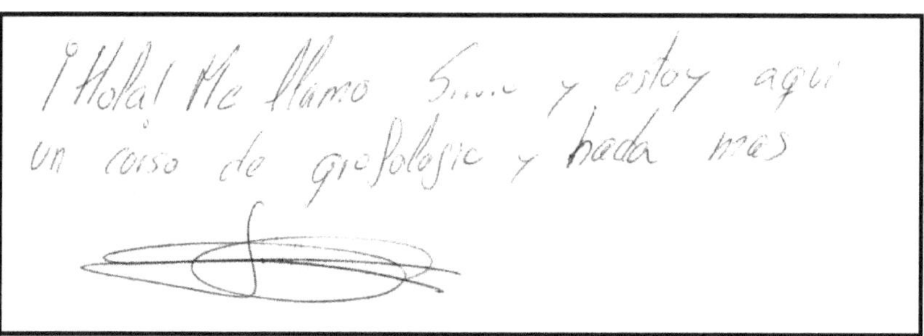

Escritura de presión débil, con arcos, finales de letra cortados y algunos hacia abajo, firma ilegible y situada a la izquierda.

Y no quiero terminar este apartado sin hacer un análisis de dos comportamientos que llegan a ser bastante nocivos en las relaciones:

- ✓ La personalidad manipuladora
- ✓ La personalidad dependiente

Personalidad manipuladora

Como señalaba más atrás, lo ideal es que la comunicación sea directa, transparente y hablada. Las demandas o la defensa de nuestras ideas han de hacerse de frente y comunicándolo directamente.

Pero la persona manipuladora nunca va de frente, ni dice las cosas de modo asertivo o franco. Su comunicación nunca es directa. Por el contrario, utiliza las comunicaciones opacas, veladas, donde usa la ambigüedad, diciendo sin decir, y el chantaje emocional.

Este tipo de persona es experta en el uso del lenguaje encubierto, usando subterfugios, y puede explotar perfectamente la mentira con una habilidad tan extrema, que el otro ni llega a percibirlo.

Es su modo de manejar a la otra persona. Su habilidad para transformar las situaciones a su antojo le sirve para no asumir las responsabilidades, para confundir al otro, hacerle dudar de todo hasta que llega a hacerle sentir culpable y a paralizarlo.

Tan pronto usa palabras suaves, adulando, como utiliza la ironía y el sarcasmo que tan hirientes pueden ser. Incluso puede no usar la palabra y valerse solo el lenguaje no verbal, por lo que es muy difícil confrontarles con eso.

La otra persona siempre se siente confusa, cuestionándose qué siente y qué percibe, porque llega a dudar de sus propios sentidos. Todo esto le genera malestar interno del que no llega a identificar la causa, pero que le paraliza.

Y si la persona manipuladora, no logra con eso el propósito que persigue, redobla esfuerzos y entra en el chantaje emocional culpabilizando al otro de cómo se siente por su causa, de sus malestares físicos, de sus sensaciones emocionales, de sus miedos o sus fracasos. Y, si la pareja expusiera que quiere dejar la relación, puede llegar a amenazarles con el suicidio, que, le advierte, será por su culpa.

Si la otra persona se deja enredar por la tergiversación de situaciones o por el chantaje emocional, se quedará sin voz para defender ningún derecho, y siempre estará en manos del manipulador, que de modo subterráneo lleva las riendas.

Es por ello que este tipo de actitud es de las más nocivas en una relación de pareja, que nunca puede llegar a ser sana con ese tipo de funcionamiento e interacción.

Rasgos gráficos de la manipulación:

✓ <u>Escritura curva y puede que redonda</u> (se suavizan rasgos que en el modelo caligráfico deberían tener ángulos y se los convierte en trazos curvados. Puede que los óvalos

142

tenga formato redondo en vez de ovalado): la comunicación nunca es dura, intransigente o impositiva. Toda ella se produce desde la suavidad, las palabras amables y la amabilidad. Pero esta amabilidad no es sincera, sino impostada, y lleva al enredo y a la búsqueda de la obtención de beneficio para sí.

✓ Escritura complicada (para ejecutar las letras hace más trazado del que requiere la caligrafía, haciendo bucles o vueltas que no son requeridas): actitud enrevesada, que nunca va directa, sino que da vueltas y vueltas enredando para confundir. Su comunicación es confusa, tergiversando y enredando.

✓ Escritura con exceso de bucles (aparecen bucles que no son necesarios caligráficamente en la unión entre los montes de "m" y "n", dentro de los óvalos, que a veces pueden encontrarse hasta dos o tres bucles, en las mayúsculas, etc.): comportamiento afable, cariñoso y seductor, pero que no es genuino y siempre oculta partes que no quiere mostrar. Esto está enfocado al beneficio propio que pueda llegar a obtener por esa interacción.

✓ Rasgos innecesarios (se producen trazos que no pertenecen a la caligrafía, demasiados adornos en las mayúsculas, espirales al inicio o final de letras, puntos de "i" en círculo, rasgos iniciales largos o adornados, etc.): gusto por el adorno, por las apariencias, por embellecer lo exterior, en definitiva por lo innecesario. Pero es su modo de atraer la atención a lo insustancial y distraerla de lo esencial.

✓ Escritura artificiosa (poco espontánea o natural, muy dibujada y decorada, controlando en exceso la forma): desvía la atención hacia lo aparente, que controla muy bien, hacia las actitudes que quiere resaltar, hacia lo fatuo dejando oculto y bien reservado a los ojos de todos lo que es esencial, su personalidad verdadera.

✓ Rasgos subterráneos (algunas letras en su trazado realizan un gesto en el descienden a la zona baja de la escritura y pasan por debajo de otras letras): comportamiento furtivo, que ocurre fuera de los ojos de los demás, con el que de manera suave intenta manejar a las personas, sin que apenas se den cuenta, para llevárselas a su terreno y utilizarlas a su favor.

✓ "U", "u", "V" y "v" en forma de bolsa (en vez de terminar avanzando hacia la derecha, como es lo esperado caligráficamente hablando, el final retrocede cerrando un poco la letra): tendencia interesada a acaparar y acumular bienes, cariño o cualquier otra cosa.

✓ Líneas sinuosas: (las líneas que habrían de mantenerse rectas, se flexibilizan en exceso generando ondulaciones en su transcurso): su comportamiento no mantiene un código ético recto por el que regirse, sino que es acomodaticio, adecuándolo a su conveniencia a la persona o situación del momento, con la finalidad de obtener el máximo beneficio particular.

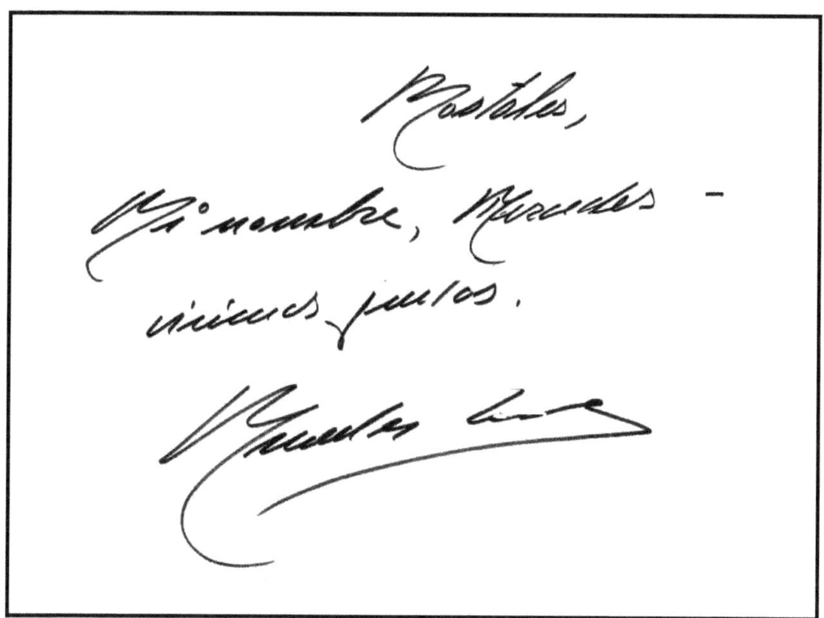

Escritura con rasgos innecesarios y trazos subterráneos.

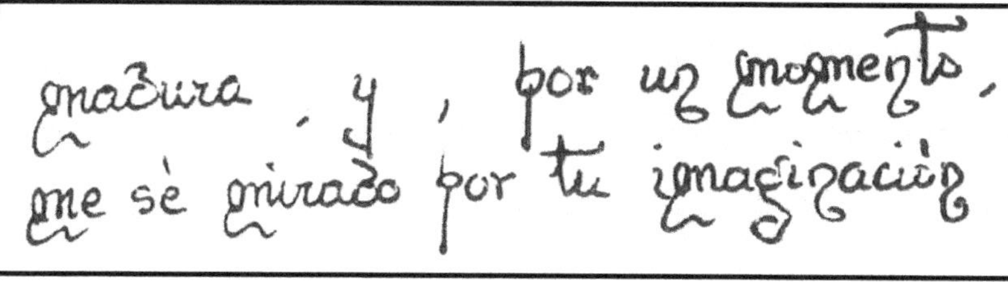

Escritura curva-redonda, complicada, con exceso de bucles (ver óvalos), "u" en bolsa y línea sinuosa.

Escritura curva, complicada, rasgos innecesarios, artificiosa y trazos subterráneos.

Personalidad con dependencia emocional

La persona dependiente es insegura, con muchos miedos, y un fuerte temor a estar sola. No concibe su vida sin tener a su lado a un compañero que le calme esa gran necesidad de amor y vínculo.

Para acallar los miedos y sentirse más segura, entra en una relación generando lo que parece mucho amor y una fuerte relación con su pareja, idealizándolo con una idea romántica, dándole mucha importancia y sintiendo que es irreemplazable en su vida.

Piensa que sin la otra persona no es nadie y que no podría vivir sin ella. Eso hace que se cree una relación enfermiza vivida desde un gran temor a perder al compañero, a que le deje, por lo que pone su vida en las manos del otro, llegando a caer en la sumisión.

Su vida gira en torno a la otra persona, lo que genera conductas posesivas, celosas y temerosas, que, como consecuencia, perpetúan y aumentan su inseguridad y temor generándole un alto nivel de sufrimiento, tanto interno como externo, puesto que en esa situación de gran dependencia puede llegar a soportar algún tipo de maltrato sin ser capaz de alejarse de ahí.

Rasgos gráficos de la dependencia emocional:

✓ Escritura curva (se suavizan rasgos que en el modelo caligráfico deberían tener ángulos y se los convierte en trazos curvilíneos): personalidad blanda que nunca se impone o defiende su criterio, por el contrario, su comportamiento es moldeable y pasivo en exceso.

✓ Escritura redonda (no solamente la escritura es curva, sino que los óvalos en vez de ser con formato ovoide, tienen forma circular, incluso letras "m" y "n" pueden aparecer redondeadas): actitud indolente que se adapta, tolera y cede ante todo con tal de evitar conflictos.

✓ <u>Escritura rebajada</u> (las letras son menos altas de lo normal y los óvalos ("a", "o", "d", "q"…) aparecen como aplastados desde arriba): soporta sin queja imposiciones del entorno, pues prefiere tragar con lo que le digan y conciliar, antes que enfadar a la persona de la que cree que depende.

✓ <u>Escritura con claro predominio del cuerpo medio</u> (casi toda la importancia del escrito está en el cuerpo central de la escritura, mientras que las crestas y los pies son muy pequeños y no mantienen las proporciones adecuadas): la persona vive centrada en el momento actual, atendiendo a sus sentimientos y a lo que sucede en su día, sin crearse expectativas o idear proyectos de futuro.

✓ <u>Óvalos aplastados</u> (las letras de óvalo, "a", "o", "d", "g", "q"… aparecen deformadas, en vez de ser más altas que anchas, que sería lo normal, su imagen es aplanada): el Yo, que es débil, se deja subyugar sin resistencia.

✓ <u>Inclinación invertida</u> (el eje central de la letra se deja caer hacia la izquierda quedando entre los 60° y 90°): el temor, la inseguridad y la falta de recursos que siente que tiene para encarar cualquier situación (aunque no sea real), le obliga a quedarse anclada en un exceso de cautela que le paraliza.

✓ <u>Escritura sin espacio interletra</u> (entre letra y letra el espacio adecuado sería como la mitad de la anchura de un óvalo. Pero en este caso no hay nada de espacio, y aparecen rozándose unas letras con otras): inseguridad que le lleva a tener un comportamiento voraz y egoísta.

Se inhibe, contiene y retiene al compañero, negándole la posibilidad de tener espacios propios para poder conseguir su atención continua y calmar así sus propios miedos.

✓ Escritura adosada (las letras no solamente no tienen espacio entre unas y otras, sino que están apoyadas sobre la anterior y, en ocasiones, se superponen a ellas) su fuerte ansiedad por el temor a no ser capaz de afrontar los problemas le genera la necesidad de vivir pegado al otro, casi en simbiosis, buscando tener siempre a su alrededor a alguien que le apoye, le cuide y le aporte seguridad. Vive pendiente de que la otra persona esté siempre a su lado. Sin embargo, no se da un vínculo verdadero porque toda esa cercanía está causada por la necesidad, no por el amor.

✓ Página con pocos espacios en blanco (los espacios interletra, interlínea e incluso los márgenes no cumplen con las medidas requeridas, siendo todos más pequeños, por lo que da la impresión de que la página está muy ocupada por la masa gráfica): temor a los espacios de soledad y silencio, solo se siente segura en compañía, porque es ahí donde se calman sus temores. Es por ello que su comportamiento es insaciable con respecto a las personas de su alrededor.

✓ Signos de puntuación en el interpalabra (los signos de puntuación, comas, puntos, dos puntos, etc., no se colocan pegados a la palabra anterior, sino que se colocan en el centro de las dos palabras, la anterior y la posterior): temor a los tiempos de silencio o de soledad que intenta evitar de cualquier modo, llenándolo con algún tipo de interacción, aunque sea una comunicación telefónica o vía watsap.

Aunque nunca llegó a ser como antes más en ese año murió mi abuelo y fue cuando fui al psicólogo por primera vez.

Escritura curva, redonda, rebajada, con predominio del cuerpo central, óvalos algo aplastados, invertida, sin espacio interletra, adosada y con poco espacio interpalabra.

Me gustaría tener este poder ayudar a las personas de su entorno e intentar que su todo lo posible. Por otro

Escritura curva, redonda, rebajada, con predominio del cuerpo central, invertida, sin espacio interletra, adosada incluso con superposición, página poco espaciada y signo de puntuación centrado entre las dos palabras.

RELACIONES EN EL PLANO ÍNTIMO

INTERACCIÓN Y COMUNICACIÓN
AFECTIVA Y SEXUAL

Y nos adentramos en un plano bastante importante en el terreno de una relación de pareja, la comunicación íntima, privada de ambos, tanto en el terreno afectivo como en el sexual.

Cobra mucho valor aquí la manera de mostrar y recibir afecto. Puede hacerse desde la apertura espontánea, cálida y natural, o desde la reserva y la expresión fría; desde la expresión sincera y fácil de sentimientos o desde la cautela, inhibición o distancia. Incluso puede darse la expresión dañina y cruel donde uno goza haciendo daño y otro soporta o incluso disfruta con ese daño.

Es fácilmente deducible que no nos hará sentir igual una forma de expresión cálida, sincera, cercana y afectiva, que un formato duro, distante o cruel.

Y también en esta área valoraremos las distintas actitudes en los encuentros sensuales y sexuales. Las necesidades impulsivas, la fantasía erótica, la pulsión sexual, la entrega y la generosidad hacia el otro, así como los distintos conflictos en ese plano.

Personalidad sensible – Personalidad fría, indiferente

La persona sensible, tiene una propensión natural a dejarse llevar de los afectos, la compasión y la ternura, así como a dejarse impresionar por los sentimientos. Percibe tanto física como psicológicamente todo lo que le llega del exterior reaccionando y emocionándose.

La personalidad fría es indiferente y en ella predomina el desafecto; la persona suele reaccionar con indiferencia, sin emotividad ni en positivo ni en negativo. No se emociona, se apasiona, ni conmueve ante lo que suceda a su alrededor.

Para una relación sana es mucho más positivo que ambos miembros, sientan, perciban y se emocionen, porque eso les va a facilitar la empatía con el otro y la atención a sus sentimientos.

En el caso de que uno sea ligeramente frío, si el otro es sensible, no es demasiado complicado.

Pero si las dos personas son frías, con dificultades para sentir y emocionarse, se dificultará el acercamiento y la expresión de sentimientos.

También en el caso de que las dos personas fueran excesivamente sensibles, se generarían dificultades. Pues esa hipersensibilidad les llevaría a ser demasiado permeables a las sensaciones o acontecimientos y podría llevarles a tener reacciones prontas e inesperadas, a veces por detalles muy pequeños, que no podrían controlar fácilmente.

Rasgos gráficos de la personalidad sensible:

✓ Tamaño ligeramente irregular (sea cual sea el tamaño en el que escriba, intenta mantenerse estable a lo largo de la página, pero no lo consigue del todo y se producen ligeras variaciones entre unas letras y otras): la persona siente y vibra con todo lo que acontece a su alrededor, pero de un modo controlado, sin que sus emociones se disparen.

✓ <u>Escritura espontánea con diversidad en la forma</u> (se ejecuta con soltura y ligereza sin estar demasiado atento al modelo caligráfico e intercalando letras de diversos modelos): percepción natural y capacidad adaptativa que es capaz de adecuarse a distintas situaciones con facilidad y eso lo traslada también a su propio sentir.

✓ <u>Inclinación inclinada o recta:</u> (el eje de las letras se tumba hacia la derecha sin alcanzar los 120° o se acerca a la verticalidad, en los 90°): tendencia natural al acercamiento, la calidez, la ternura y la emergencia espontánea de los sentimientos.

✓ <u>Vibrante</u> (los ejes axiales de la escritura no se mantienen rígidos y paralelos entre sí, sino que parece que se dejaran agitar muy ligeramente dándole movilidad a las letras): sus sentidos son muy perceptivos a las sensaciones, es como si contara con una especie de radar interno que le facilita captar impresiones que le ayudan a entender a los de su alrededor.

✓ <u>Escritura curva</u> (se suavizan rasgos que en el modelo caligráfico deberían tener ángulos y se los convierte en trazos curvados): generosidad, espíritu conciliador, y tendencia a acercarse a los demás con cuidado, siempre desde los buenos sentimientos y la afectividad.

✓ <u>Presión ligera con diferencias leves</u> (la fuerza que ejerce el útil sobre el papel es ligera, sin apretar demasiado. Si tocamos el folio por detrás no se notará ningún surco): emotividad, facilidad para sentir y capacidad perceptiva y adaptativa.

✓ <u>Líneas rectas flexibles</u> (las líneas se mantienen rectas, pero no rígidas, sino con un ligero movimiento en su trazado, producido por la espontaneidad al escribir, que le aporta flexibilidad): persona adaptable, con actitud tolerante y adecuación suave al medio, sin perder por ello su esencia ni sus criterios.

✓ <u>Escritura ágil</u> (rápida, sencilla, sin complicarse en vueltas innecesarias): buena velocidad para la percepción, comprensión y respuesta.

Escritura con ligeras variaciones de tamaño, diversos tipos de "s", ligeramente inclinada, vibrante, espontánea, curva, ágil y con líneas flexibles.

Rasgos gráficos de la personalidad fría:

✓ <u>Inclinación vertical</u> (el eje de las letras se mantiene recto, en los 90°, sin inclinarse hacia la derecha o invertirse hacia la izquierda): propensión a pasar todo lo que percibe por la criba de la razón ignorando el sentimiento.

✓ <u>Inclinación paralela</u> (los ejes centrales de las letras mantienen todo ellos el mismo grado de inclinación, sin variaciones entre sí): personalidad con la afectividad tan controlada y contenida que no se agita con ningún estímulo.

✓ <u>Líneas horizontales algo rígidas</u> (las líneas, en su trascurrir de izquierda a derecha, mantienen su linealidad sin fluctuaciones, con cierta rigidez como si estuvieran aposentadas sobre un renglón imaginario): criterios demasiado rígidos, inamovibles, estructurados previamente, que le dificultan la tolerancia y la adaptación a otras personas, criterios o ambientes.

✓ <u>Monotonía en el trazo</u> (no hay movilidad, no se dan alteraciones; a lo largo de todo el escrito se mantiene todo igual en los distintos géneros escriturales): escasa emotividad, contención de los sentidos para la captación.

✓ <u>Velocidad lenta</u>: (la velocidad a la que se escribe es contenida un tanto frenada, menos de 100 letras/minuto): captación mesurada y respuesta que se elabora después de un proceso previo de razonamiento.

✓ <u>Escritura angulosa</u> (cuando trazos que caligráficamente han de ser curvos se endurecen y se cambian por aristas. Suele dar la impresión de que, si pudiéramos pasar la mano por debajo del cuerpo central, nos pincharíamos): dureza, intransigencia y tendencia a quedarse anclado en sus criterios de modo inamovible.

✓ <u>Escritura controlada</u> (escritura contenida, sin rasgos que se disparen o finales más largos de la cuenta): vigilancia sobre sus expresiones frenando la espontaneidad.

✓ <u>Escritura artificiosa</u> (poco espontánea o natural, muy dibujada y decorada, controlando en exceso la forma): gusto por el disimulo y por aparentar, más que por obrar desde la autenticidad.

✓ <u>Escritura en mayúsculas</u> (las letras que corresponderían ejecutarse en minúsculas se cambian y se realizan en mayúsculas): ocultación, falseamiento de su personalidad, mostrando solo una fachada creada por él mismo que es lo que quiere enseñar de sí.

✓ <u>Presión firme</u> (el trazo tiene buena presión, podemos ver la tonalidad de la tinta sin roturas o debilidades. Y, si pasamos la mano por el reverso del papel, podremos notar un pequeño realce por donde pasan las letras): obstinación y resistencia a modificar sus criterios o a fluir con la vida.

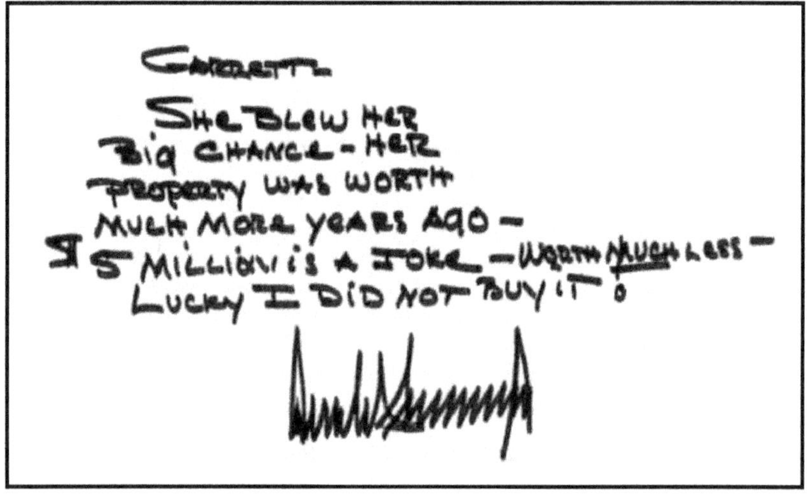

(Escritura de Donald Trump)
Escritura vertical, angulosa, escrita en mayúsculas y presión fuerte.

> económicos y ayudas Administrativos
> satisfactorio y valorable si cabe.
> de financiación y de Actividades
> en la calidad del tratamiento

Escritura vertical, horizontal, lenta, con ángulos, con mezcla de mayúsculas y presión firme.

Personalidad sádica – Personalidad masoquista

El análisis de estos dos términos, sadismo y masoquismo, no va referido a lo más conocido, que son esas alteraciones en la conducta sexual, sino que, en este caso, va más dirigido a aspectos psicológicos dentro del enfoque afectivo o emocional de las relaciones de pareja.

En ambos casos tiene mucho que ver con la dependencia afectiva y lo que subyace es el temor a perder a la persona objeto de ese amor dependiente.

La persona sádica encuentra una cierta seguridad en la vejación al otro. En el fondo no hay un intento de destrucción de la otra persona, sino de mantenerlo a su lado y no quedarse solo. Pero el modo que utiliza es infiriéndole sufrimiento, ya sea daño físico en forma de violencia o daño moral en forma de humillaciones, burlas, etc. Considera que tener celos, sentir posesión, controlar y humillar a su pareja es una prueba de amor. Ese comportamiento es su modo de encadenarle a su lado.

La persona masoquista, por su parte, se somete al otro y le da poder sobre sí misma, renunciando a su propia personalidad y fomentando que tome decisiones por ella. Vuelve la agresividad hacia sí, considerando que no es suficientemente valiosa y se recrea en el sufrimiento justificándolo o racionalizando que se lo merece. Todo esto propicia la agresividad del otro. Y para la persona masoquista termina convirtiéndose en costumbre el sentirse maltratada o vejada, pensando que no está en su mano evitarlo y sintiéndose cada vez más pequeña y desamparada, lo que, como consecuencia, hace que permanezca en esa situación.

Ni el sadismo ni el masoquismo son buenas aptitudes para una sana relación. Si bien es cierto que una personalidad sádica y una masoquista se complementan, puesto que crean una unión de dependencia con la finalidad de no quedarse solos y uno daña y el otro soporta. Pero esto sería siempre una relación perturbada basada en compensaciones y en miedos.

Rasgos gráficos de la personalidad sádica:

- ✓ <u>Presión fuerte y con puntas en aguja</u> (el trazo tiene buena presión y podemos ver la tonalidad de la tinta sin roturas o debilidades. Y, si pasamos la mano por el reverso del papel, podremos notar un pequeño realce por donde pasan las letras. La terminación de las letras remata afinándose en forma acerada): siente la necesidad de imponerse y lo hace con dureza, lacerando al otro.

- ✓ <u>Escritura angulosa</u> (cuando trazos que caligráficamente han de ser curvos, se endurecen y se cambian por ángulos. Suele dar la impresión de que, si pudiéramos pasar la mano por debajo del cuerpo central de las líneas, nos pincharíamos): actitud dura, egoísta, intransigente, con resentimiento y dificultad para la conciliación.

- ✓ <u>Escritura de velocidad mesurada:</u> (la velocidad a la que se escribe es controlada, pausada, sin llegar a ser lenta, sobre unas 100 letras/minuto): freno, resistencia y control.

- ✓ <u>Inclinación con predominio de la vertical o ligeramente inclinada:</u> (el eje de las letras se mantiene vertical, en los 90° o se ladea hacia la derecha sin alcanzar los 120°): tendencia al control de la emotividad usando la racionalización y el control.

- ✓ <u>Cohesión desligada</u> (el útil se levanta del papel entre letra y letra y, aunque a veces puedan parecer unidas porque están muy juntas, se aprecia que no hay movimiento de unión): personalidad solitaria con dificultades para la vinculación afectiva.

- ✓ <u>Escritura invasiva</u> (las letras no respetan el espacio que les corresponde invadiendo y pisando otras letras contiguas o de líneas anteriores o posteriores): falta de respeto a los criterios, espacios, pertenencias, personalidad, o cuerpos de los demás.

- ✓ <u>Ángulos y acerados incisivos hacia la derecha</u> (puntas afiladas o ángulos muy agudos en las letras que van dirigidos hacia la derecha): propensión y placer en generar daño a otras personas, ya sea verbal, en forma de crítica cáustica, o físico, en forma de maltrato.

- ✓ <u>Firmas con ángulos o acerados hacia la derecha</u> (en la firma o la rúbrica aparecen puntas afiladas o ángulos muy agudos dirigidos hacia la derecha): su malestar, frustración, miedo y rabia son canalizados en forma de agresión hacia los demás.

- ✓ <u>Diente del jabalí</u> (es un gesto anguloso que puede verse en el remate de las letras "m", "n" y "h" en el que en vez de rematar curvada, remata con un rasgo frenado y duro): tendencia cruel a acumular resentimiento y odiar.

✓ <u>Rasgo del escorpión</u> (en la base de las jambas ("g", "j", "q", "y"…) aparece un ángulo cerrado en forma de arpón): personalidad cruel que busca venganza.

✓ <u>Travesaños y finales lanzados y en aguja</u> (el trazo final de algunas letras se hace mayor de lo que corresponde, sin contención, y termina afinándose como la punta de una aguja. Esto también puede darse en los travesaños de "t"): empatía y capacidad intelectual afinada que usa para infringir daño al otro, en forma de ironía mordaz o comentarios vejatorios e hirientes.

✓ <u>Tamaño decreciente</u> (la palabra comienza con un tamaño, sea el que sea, y a lo largo de su formación va disminuyendo de manera constante ese tamaño, terminando más pequeña de cómo empezó): capacidad empática y penetrabilidad, lo que le faculta para entender bien a las personas, pero que lo mal utiliza para dañar.

Escritura de presión fuerte, angulosa, con agujas hacia la derecha y hacia abajo, velocidad mesurada, inclinada, desligada, diente de jabalí, con ángulos hacia abajo y hacia la derecha en la firma y tendencia a ser decreciente.

Rasgos gráficos de la personalidad masoquista:

✓ <u>Escritura apretada</u> (se empequeñece el espacio adecuado entre letra y letra, y la misma letra se estrecha a sí misma): temor e inseguridad que se niega el derecho a su espacio e inhibe su comportamiento.

✓ <u>Inclinación invertida</u> (el eje de la letra se deja caer hacia la izquierda quedando entre los 60° y 90°): indecisión, cobardía y un exceso de previsión que le frena.

✓ <u>Óvalos pinchados</u> (los óvalos, "a", "o", "g", en su trazo final vuelven sobre sí mismos y se adentran en el propio óvalo pinchándolo): tendencia a exponerse al daño ajeno y propio. Actitud negativa que aumenta sus propios males y autocrítica dura que le infringe sufrimiento, teniendo bastante facilidad para somatizar.

✓ <u>Óvalos aplastados</u> (a las letras con zonas redondeadas en el cuerpo medio ("a", "o", "d", "g"…) parece que un peso les estuviera oprimiendo desde arriba, aplanándolas): propensión a ceder ante las presiones aceptando imposiciones sin queja.

✓ <u>Escritura regresiva</u> (se hacen vueltas o bucles innecesarios haciendo que el trazado vuelva hacia atrás mucho más de lo requerido o la escritura se invierte): introversión, dificultades de relación y excesivo apego a lo conocido por su temor a los cambios.

✓ <u>Zona inferior con travesaños</u> (las letras "q" siempre llevan el travesaño, aunque es una costumbre que cada vez está más en desuso): tendencia a supervisarse y a dar vueltas a las cosas cayendo en la rumia mental.

✓ <u>Pies inacabados y sin unión</u> (las jambas de las letras "g", "j", "y" no hacen el movimiento buclado completo y de unión a la siguiente letra, sino que se quedan inconclusos, incluso yendo en movimiento contrario, hacia la izquierda, y sin unirse a la letra siguiente): pasividad, inhibición, timidez e inseguridad para la vinculación.

✓ <u>Líneas descendentes</u> (las líneas, que deberían ser horizontales y terminar a la misma altura que empezaron, en este caso, en su avance de izquierda a derecha, descienden, terminando más abajo de donde comenzaron): apatía y debilidad para enfrentarse a las situaciones, más bien al contrario, suele caer en la claudicación anticipada.

✓ <u>Firmas con ángulos o acerados hacia la izquierda</u>: (en la firma o la rúbrica aparecen puntas afiladas o ángulos muy agudos dirigidos hacia la izquierda): tendencia a volver a hechos del pasado tristes activando de ese modo dolores antiguos; autocrítica muy dura hacia sí que se autoinculpa de todo lo que ocurre, aunque eso no esté basado en algo objetivo.

✓ <u>Puntas o acerados incisivos hacia la izquierda</u> (puntas afiladas o ángulos muy agudos en letras dirigidos hacia la izquierda): propensión a inferirse daño a sí mismo. Tendencia a somatizar dolencias que en su origen pertenecen a lo psíquico, pero que no sabe gestionar.

✓ <u>Escritura torsionada</u> (los movimientos verticales en hampas y jambas no consiguen mantenerse rectos en su recorrido sino que se ondulan en la bajada): actitud sufridora que tiende a aumentar sus propios problemas con la tortura mental.

✓ <u>Firma tachada</u> (con la rúbrica se pasa por encima de lo que ponga en la firma una o varias veces, tachándolo):

descontento de sí mismo, con tendencia al autodesprecio y la autoagresión.

✓ Firma descendente (la firma va cayendo en su recorrido y termina más abajo de donde comenzó): Apatía, rendición por la sensación de carecer de recursos para encarar el día a día, lo que le produce una marcada tristeza.

✓ Punto final unida a firma descendente y tachada (un punto innecesario al terminar una firma de dirección descendente que además está tachada por la rúbrica (han de darse los tres rasgos juntos): deseo inconsciente de terminar con los problemas de forma drástica (suicidio).

Escritura invertida, óvalos aplastados, regresiva, "q" barrada, pies inconclusos, torsionada, líneas descendentes, y firma tachada, descendente y con punto final.

Sexualidad

No cabe duda que el terreno sexual dentro de una relación de pareja es una faceta importante y, por tanto, muy a tener en cuenta.

Entenderíamos que se da una sexualidad sana cuando hay una entrega adecuada en la que el componente físico y genital vaya unido a una apertura afectiva que genere vínculo y confianza.

Pero hay elementos que pueden dificultar esta relación sexual sana. Los distintos conflictos o traumas anteriores que puedan existir van a activarse en el presente si no están bien resueltos. Y, de igual modo, los miedos, inhibiciones, represiones, así como la inmadurez marcada de alguno de los miembros o de ambos van a ser un hándicap en esta faceta de la relación.

Es importante que cada uno de ellos tenga confianza en sí mismo y que, desde esa seguridad, sea capaz de donarse al otro con generosidad. Cuando una persona se siente segura, sin inhibiciones, sin traumas, es capaz de entregarse desde la confianza y la apertura, y de estar pendiente de su compañero logrando disfrutar a través del disfrute del otro.

Para una relación sexual sana tendrían que entrar en juego diferentes elementos: buena autoestima, apertura emocional, intención sexual, fantasía, erotismo, cuidado hacia el otro y hacia sí mismo y capacidad de donación.

<u>**Gestos gráficos donde podemos analizar la sexualidad:**</u>

Lo podemos ver en distintos géneros y zonas escriturales:

- ✓ <u>Movimientos curvos en la zona superior de la escritura</u> (las hampas o crestas son amplias y sin aristas): porque la sexualidad se inicia en la mente, en la imaginación, y es necesario contar con la capacidad de soñar y fantasear.

- ✓ <u>Presión firme</u> (el útil pasa con fuerza por el soporte gráfico dejando un rastro de tinta bien definido, sin roturas ni debilidades): vitalidad, potencia y sensualidad. Si es la presión es normal o firme es positivo. Si pasa a ser pesada (presionada en exceso) o sucia (que deja rastros de tinta alrededor del trazo), entraríamos a considerar a la persona libidinosa, con la mente excesivamente fijada en el sexo. Y si la presión fuera muy pesada es un exceso de sexualidad, incluso llegando a imponérsela al otro.

  Una vez hice un análisis grafológico a un señor que al escribir rompió al menos por siete lugares el papel de tanta presión como ejercía al escribir. Esta persona necesitaba practicar sexo al menos tres veces diarias y, si su pareja, que estaba muy hastiada y molesta, evitaba alguna de las relaciones diarias, él montaba en cólera.

- ✓ <u>Inclinación hacia la derecha</u> (los ejes centrales de la letra superan los 90º ladeándose hacia la derecha): muestra la donación, la apertura y la capacidad de expresar afecto y cercanía.

- ✓ <u>Letras que caligráficamente pertenecen a otras zonas y que invaden el área inferior</u> (son letras que proceden de la parte superior o media de la escritura y que su recorrido caligráfico no tiene por qué descender a la zona inferior): sexualidad muy presente, incluso en circunstancias que no corresponden.

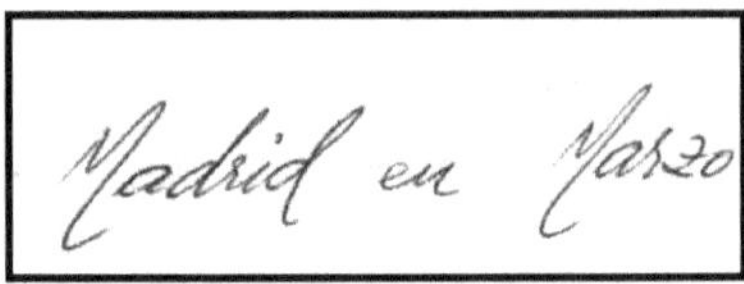

✓ Letras sexuales (son las que se sitúan en la zona inferior, con pie/jamba que caligráficamente es buclado: "g", "j", "f", "y" y "z" (esta último sólo si se realiza en el formato que genera pie y penetra en la zona inferior)): muestran el modo en que encaramos la sexualidad, el disfrute, el vínculo y cómo nuestro Yo puede estar de presente en ello.

Letras de la sexualidad (letras en zona inferior con pie/jamba que deberían estar buclados)

Vamos a valorar estas que serían, como ya se ha señalado, todas las letras que caligráficamente dibujan bucle en su parte inferior: "g", "j", "f", "y" y "z". Pero en este estudio nos vamos a centrar en la que está considerada la letra sexual por excelencia, dado que cuenta con todos los elementos, la letra "g".

Estos elementos son:

✓ Óvalo: que nos muestra al Yo y su apertura y entrega emocional ante la faceta sexual.

✓ Descenso del pie o jamba: donde se aprecia la pulsión sexual.

✓ Gesto de unión hacia la letra siguiente: en el que puede verse la capacidad de entrega y donación a su pareja.

Óvalo:

Representación del Yo y su actitud de apertura y donación afectiva en el entorno sexual.

Con respecto a los óvalos, hemos de señalar varias particularidades dignas de tener en cuenta.

✓ Grado de apertura (la circunferencia que forma el óvalo deja una abertura más o menos grande o se cierra totalmente, incluso dando varias vueltas sobre sí): en este aspecto vamos a poder ver de la capacidad que tiene el sujeto para abrir su interior y expresar lo que siente. A mayor apertura del óvalo, mayor capacidad de comunicación afectiva y de entrega de sentimientos. A mayor cerrazón, mayor hermetismo y protección de sí mismo y de la expresión de lo que siente.

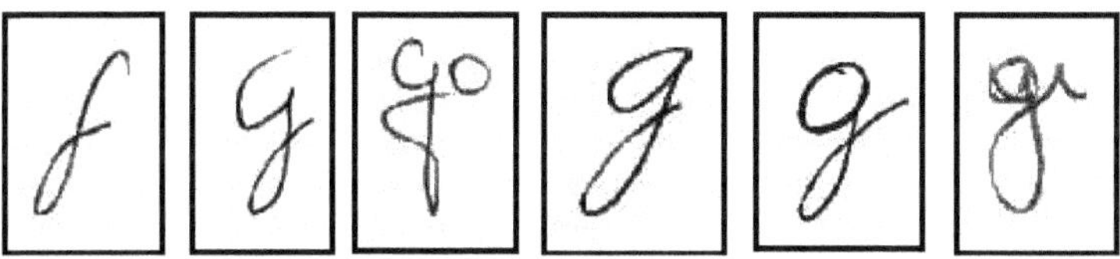

✓ El tamaño del óvalo (puede ser un óvalo proporcionado al resto de las letras del escrito o disminuir o aumentar su tamaño): nos señala la seguridad o inseguridad del sujeto, lo que va a determinar un comportamiento más suelto y abierto o más inhibido y tímido. La persona puede tener un buen impulso sexual, unas buenas necesidades instintivas, pero dependerá de la seguridad de su Yo, que vemos en el óvalo, para que pueda lograr satisfacerlas adecuadamente.

✓ <u>Óvalo que se divide con un trazo central</u> (hay una línea de bajada que parte el óvalo en dos fracciones): es un mecanismo de escisión que utiliza el sujeto para paliar los daños de algún suceso anterior, y que se activa en el momento del encuentro sexual. Por ejemplo, un abuso anterior, que le genera dolor, culpabilidad, etc. En esas circunstancias la persona intenta, inconscientemente, separar las vivencias dolorosas de su mente para que no incidan en el momento actual, que se las reabre.

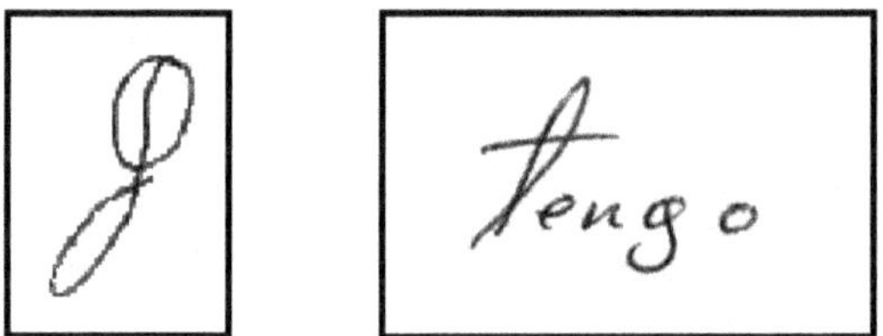

Yo he visto esto claramente en un caso que tuve en terapia. Era una mujer que se quejaba de que se le generaban fortísimos dolores de cabeza cada vez que mantenía relaciones con su marido, y después le duraban los dolores como diez días.

Cuando fui conociendo su historia descubrí que desde que llegó a la pubertad su padre la violaba casi todos los días, hasta que a los diecisiete años ella se fue de casa. Parecía que no le daba importancia a esta historia y que para ella, una vez que salió de casa, era asunto zanjado y olvidado.

Pero está claro que no era así y que cada vez que se enfrentaba a las relaciones sexuales el único modo que había encontrado era escindirse para no recordar o resentir lo que había vivido. De ahí sus dolores de cabeza por la tensión que ese esfuerzo le generaba.

✓ <u>Óvalo totalmente separado del trazo descendente</u> (encontramos que el óvalo y el trazo descendente de la jamba no están unidos): distancia emocional del sujeto con la pareja, bien sea por dificultades internas para vincularse, bien porque en ese momento ya hay deseos de ruptura y distancia.

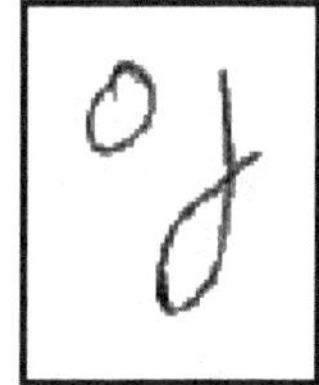 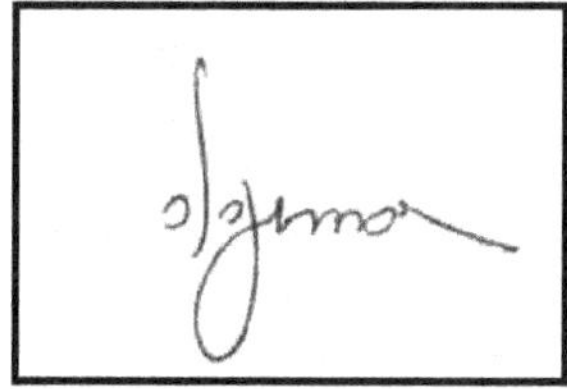

✓ <u>"g" sin óvalo</u> (en este tipo de letra, aparece la jamba, que puede ser más o menos larga o más o menos inflada, pero no se ejecuta el óvalo, que es inexistente): aparece toda la significación referente al pie, en cuanto a impulso sexual, fantasía erótica, etc., pero la emoción, la ternura y la fuerza del sentimiento están reducidas o anuladas en el acto sexual (en la actualidad se producen muchos encuentros sexuales esporádicos entre personas que casi no se conocen y, por lógica, en esos caso el sujeto solo busca una descarga instintiva, sin ningún vínculo emocional).

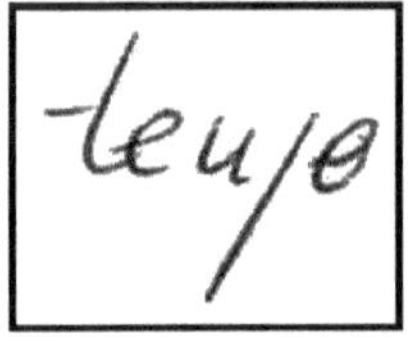 

Jamba o pie:

En esta parte de la letra podemos ver el impulso sexual, la fantasía erótica y la capacidad de disfrute. También la tendencia al vínculo y donación a su compañero.

Vamos a valorar las jambas en tres aspectos:

- ✓ Largura del gesto de descenso del pie o jamba
- ✓ Anchura del pie o jamba
- ✓ Trazo de unión a la letra siguiente

Descenso del pie o jamba:

Valoramos el tamaño en cuanto a su dimensión en el movimiento de descenso. La extensión de este movimiento nos va a informar de la potencia o la energía sexual del escribiente.

En ese descenso, que es un movimiento consciente, pueden verse las necesidades instintivas, es decir, la cantidad de energía que le reclaman y que dedica a sus pulsiones sexuales.

Consideramos que el tamaño de la jamba normal ha de ser entre 1,5 y 2 medidas del tamaño del cuerpo central del propio escrito.

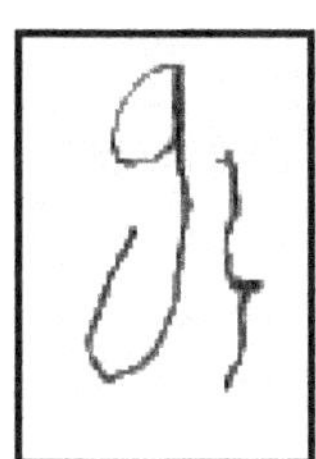

✓ <u>Pie de tamaño normal</u>: (cuando mantiene una dimensión aproximada de 1,5 a 2 veces el tamaño del óvalo del propio escrito): normalidad en cuanto a las pulsiones sexuales.

✓ <u>Pie de tamaño pequeño</u>: (el descenso se queda frenado pronto, sin gran profundidad, no alcanzando la 1,5 a 2 veces el tamaño del óvalo del propio escrito requerido): el sujeto encara la faceta sexual desde la inseguridad, la apatía y un cierto apocamiento.

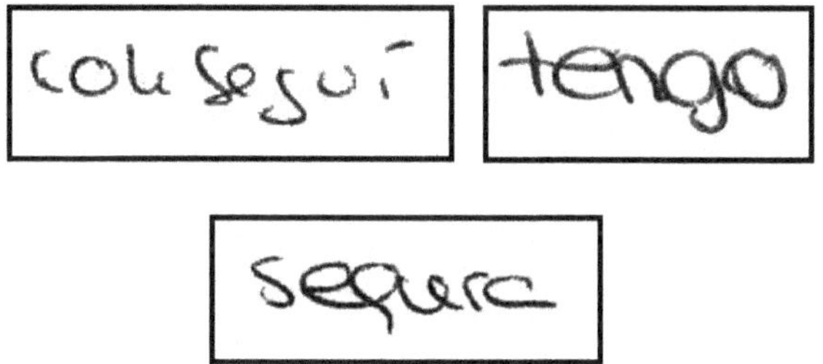

✓ <u>Pie de tamaño grande</u> (el descenso se prolonga superando la medida que se considera normal, las 1,5 a 2 veces el tamaño del óvalo del propio escrito): marcado impulso sexual, estando esta faceta muy presente en su atención y dedicando bastante energía a ella.

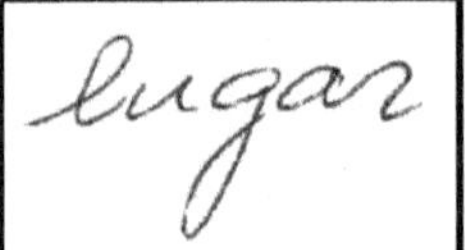

<u>Ancho del pie o jamba:</u>

Es decir, el tamaño del pie o jamba en cuanto a la amplitud del ojal que lo forma. Esta dilatación nos informa sobre la capacidad erótica, de fantasía, de juego y de disfrute de la persona.

La anchura adecuada de esta parte de la letra debería estar aproximadamente en el 80% de la anchura de un óvalo del propio escrito.

Además, para que se dé una buena fantasía erótica y gusto por fomentar el juego, la base del pie ha de tener una formación curva. De ser angulosa nos mostraría inhibiciones o dificultades para disfrutar del juego erótico.

✓ <u>Pie de amplitud normal</u> (la anchura del pie, como se ha dicho más arriba, debe ser un poco inferior a la anchura del óvalo del propio escrito): fantasía erótica e imaginación adecuada.

✓ <u>Pie de marcada amplitud</u> (el bucle supera con creces la anchura del óvalo del propio escrito): gran capacidad de fantasía e imaginación erótica. Vive para disfrutar de los placeres, ya sean eróticos, sexuales o de cualquier otro tipo, pero que son una base importante en su vida.

✓ <u>Pie de amplitud escasa</u> (el bucle es muy estrecho, no manteniendo las medidas consideradas normales y llegando en ocasiones a cegarse, sin dejar luz en él, o, incluso, a superponerse los movimientos de descenso y ascenso): falta el calor del instinto y de la afectividad. Su capacidad de fantasía e imaginación erótica están reprimidos. Y, aunque tenga un buen impulso sexual, el disfrute tiende a ser tenso y no consigue lograr la plenitud esperada.

Esa tensión e insatisfacción puede proyectarse sobre la pareja sexual con dureza e incluso violencia.

✓ <u>Pie sin bucle</u> (el ojal ni llega a producirse. Está el gesto de descenso, pero no el movimiento de ascenso, finalizando la jamba ·en su parte inferior): no dedica demasiado tiempo ni energía a la fantasía, el romanticismo o la creación de escenarios eróticos. Su energía está mucho más enfocada al pragmatismo, a la resolución e, incluso, a la imposición.

Si además en el remate del gesto apareciera la formación de un ángulo, esta interpretación de imposición, dureza e incluso crueldad se acentuaría pues la persona cae con frecuencia en el rencor y la intransigencia.

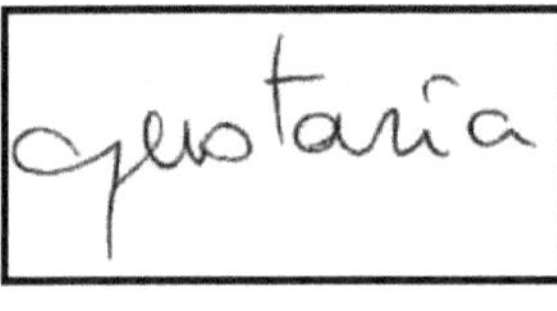 

 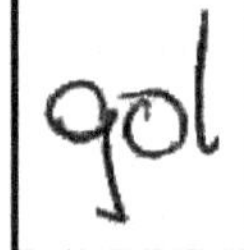

<u>Unión a la letra siguiente:</u>

Se trata del trazo final con el que remata la letra "g" y que puede ir unido o no a la letra siguiente.

Lo idóneo es que ese gesto de ascenso llegue completarse e ir, sin torsiones ni desvíos, hacia la letra posterior para unirse a ella. Eso nos mostraría la capacidad de entrega y donación a su pareja siendo capaz, desde esa generosidad, de disfrutar a través del disfrute de la otra persona.

✓ "g" unida a la letra siguiente (el movimiento final de la letra se completa y, sin levantar el útil, continúa trazando la letra siguiente): la persona es capaz de vincularse y poder disfrutar participando con generosidad en el placer de su compañero.

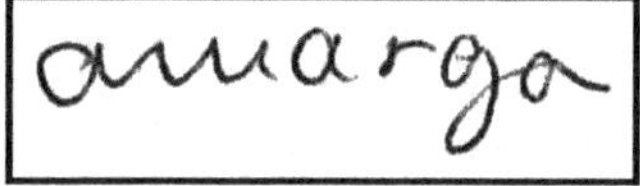 

✓ "g" desligada de la letra siguiente (en su ejecución el trazo que debería llegar a unirse a la letra siguiente se ha detenido en algún lugar): inhibición, timidez e inseguridad en la vinculación. La persona vive sus instintos y placeres de un modo más individual, aunque esté en pareja, ya sea por miedo a la entrega o por egoísmo.

✓ "g" con trazado de unión a la letra siguiente indirecto (el movimiento de unión debe ser limpio, espontáneo, sin nada que lo retrase. Pero aquí no aparece limpio, se retarda porque se realiza de modo anómalo, ya sea porque está torsionado, tembloroso o porque en su trayecto ha creado un pequeño bucle): inseguridad, duda, vacilación o detención para inventar una mentira.

<u>Otras variables de forma de la letra "g":</u>

<u>Letras de jamba con formación curva:</u>

Ya el propio concepto de la curva nos muestra la suavidad, la delicadeza, la fantasía y la generosidad.

✓ <u>"g" con formación normal</u> (la letra se realiza siguiendo el modelo caligráfico aprendido y realizando todas las partes del modo esperado, con curvas o ángulos donde se requieran): sencillez en el contacto, suavidad y entrega hacia el otro.

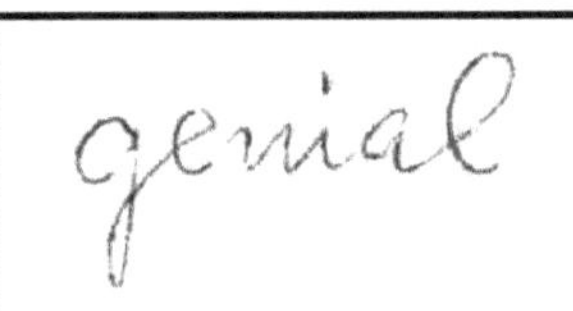

✓ <u>"g" con la jamba ampulosa, pero inconclusa</u> (el pie tiene bastante más anchura de lo normal, pero el gesto de ascenso se queda cortado en algún lugar del trayecto): facilidad para el erotismo y la fantasía sexual, con gusto por el disfrute. Pero la donación al compañero está inhibida.

✓ "g" con pie curvo, pero que permanece casi horizontal y
hacia la izquierda (la jamba tiene una formación suave,
sin aristas, pero su formato retrocede hacia la izquierda,
donde se mantiene casi de manera plana, en vez de
avanzar hacia la derecha): inmadurez afectiva, pasividad y
dificultades para la donación.

✓ "g" con el pie curvo, terminado en espiral (la jamba es
ampulosa y muy curva, pero en vez de avanzar a unirse
con la letra siguiente, se recoge sobre sí misma creando
una espiral): buena capacidad imaginativa y de fantasía
erótica, pero el disfrute está absolutamente centrado en sí
mismo, no en donarse a nadie. Le encanta disfrutar, no
solo con el sexo, sino de cualquier tipo de placeres, un
masaje, una comida…

✓ <u>"g" que se enreda y dibuja un lazo</u> (la formación de la jamba no se ejecuta de modo directo, sino que inicia el ascenso con un movimiento contrario, subiendo por la derecha, luego retrocede a la izquierda, pasando por encima del gesto de descenso, para concluir hacia la derecha): coquetería y deseo de agradar bastante acentuados, lo que le lleva a tener un comportamiento seductor para atraer, llamar la atención y constatar que tiene armas de conquista.

✓ <u>"g" ágil y simplificada y con óvalo abierto y en forma de hélice</u> (es una de las formas más positivas de ejecutar esta letra, puesto que une la curva a la agilidad. Podría dar la impresión de que no tiene óvalo, pero sí lo hay, solo que es una simplificación en la que este está solo esbozado dada la agilidad del escrito. El pie también es muy ágil y presenta como el dibujo de una hélice): espontaneidad para la entrega, sencillez, confianza en sí mismo, ternura y capacidad de seducción. El afecto está muy presente y los sentimientos fluyen sin cortapisa.

 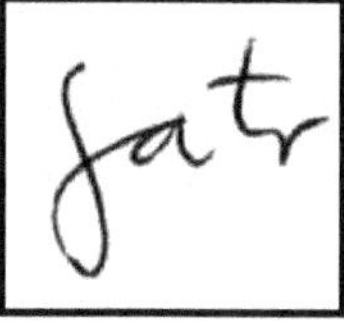

<u>Letras con jamba de formación angulosa:</u>

La propia concepción del ángulo nos señala la tensión, la dureza, la intransigencia, el egoísmo y la crueldad.

✓ <u>"g" con pie anguloso en su base</u> (la parte más baja de la jamba, que caligráficamente debería ser curvada, se ha endurecido y presenta un ángulo en su formación): timidez, represión, dureza y dificultad para la fantasía y la sexualidad plena. Las tensiones a las que el sujeto está sometido en esta área dificultan el disfrute propio. Estas tensiones pueden estar producidas por una educación rígida y restrictiva, por sentimientos de culpa o por daños anteriores que le han dejado secuelas.

✓ <u>"g" con pie triangular, formado por dos ángulos bien marcados:</u> (las jambas de la escritura, en vez de formar un bucle suave y con base redondeada, como sería lo esperable, lo hace creando un triángulo): estas personas, al igual que las anteriores tienen dificultades para tener una sexualidad relajada en la que puedan disfrutar de unas relaciones fluidas. Con una connotación añadida en este caso, y es la de que, ese freno a los impulsos al que están sometidos, puede desviarse de otro modo pudiendo llegar a ser exigentes, intolerantes, agresivos y dominantes con su pareja.

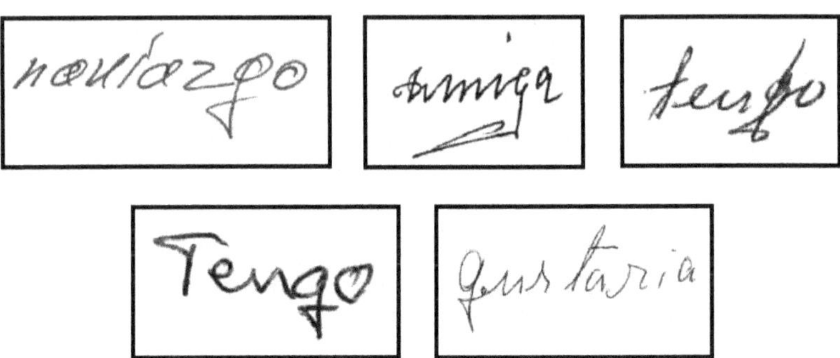

✓ "g" con pie anguloso en su base y gesto en retroceso (en la base de la jamba aparece un ángulo, en vez de una curva, y su trazo final retrocede hacia la izquierda en vez de avanzar hacia la derecha como sería lo requerido): tensión, dureza, intransigencia, egoísmo y crueldad a la hora de tener sexo, junto a una actitud evitativa cuando tocaría donarse a su pareja.

✓ "g" simplificadas y con el gesto final en avance (la base de esta letra puede ser angulosa o ligeramente curva. El pie se realiza simplificando movimientos, de modo muy ágil, avanza directamente hacia la derecha en vez de retroceder hacia la izquierda para hacer bucle; es por ello que estas letras no tienen ojal en su pie. Casi siempre se produce en escritura ágil): transformación de los intereses eróticos y de los instintos sexuales sublimándolos hacia ámbitos intelectuales o creativos.

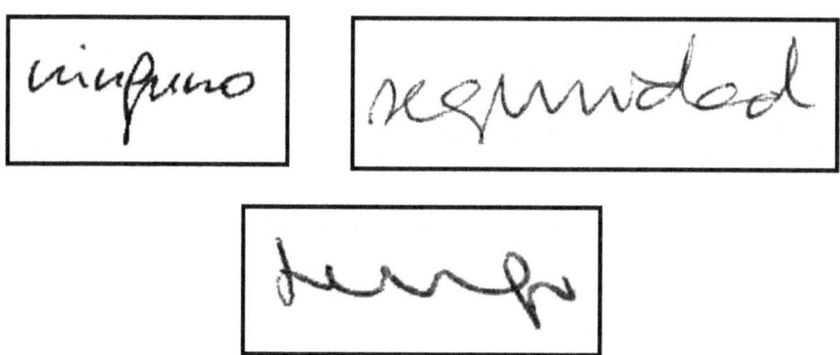

Por último, para cerrar este tema, quiero añadir un punto más que considero importante.

Se trata de cuando unas letras invaden a otras. En el caso que nos ocupa, las letras consideradas sexuales, las que en su formación tienen pie, pisan a otras situadas en la siguiente línea. Tiene especial importancia si llegan a invadir o a traspasar el cuerpo central de las letras de esa siguiente línea.

<u>Las letras de sexualidad invaden a otras letras, sin respetar los espacios adecuados:</u>

Está claro que pisar o invadir el espacio de otras letras, implica irrumpir y no respetar el espacio ajeno. Como se hace con letras con una implicación sexual, se considera una invasión en ese plano, no respetando las distancias o los límites adecuados e imponiendo esa sexualidad de un modo u otro.

Vamos a verlo en dos partes diferentes según que el pie/jamba sea buclado o no.

✓ <u>Letras que pisan con jamba buclada</u> (la jamba tiene un mayor tamaño del considerado normal y con bucle curvo y ampuloso que irrumpe en el espacio de otras letras pisándolas): su sexualidad está omnipresente en su día a día. Su fantasía erótica y su sensualidad abarcan demasiadas facetas de su vida, cobrando exagerada importancia e imponiéndosela a otras personas, pudiendo darse desde una conversación siempre erotizada con el tema sexual muy presente, o pasar a tocamientos o actitud invasiva.

✓ <u>Letras que pisan con jamba angulosa o monolineal;</u> (jamba con mayor tamaño del considerado normal y con formato triangular o monolineal que puede rematar en aguja o maza): al igual que en el punto anterior su sexualidad está muy presente en su día, cobrando demasiada importancia. Pero en este caso se da una marcada tendencia a imponerse a la otra persona con dureza o agresividad, invadiendo sus espacios, sin respetar opiniones o escuchar límites, pudiendo llegar a la violencia para conseguir amedrentar y anular la voluntad del otro.

Esta escritura anterior pertenece a un hombre que acudió a terapia, en principio parecía que para buscar su superación personal, pero lo cierto es que el interés que tenía era que yo convenciera a la mujer con la que había vivido y que le había dejado y denunciado por maltrato a que volviera con él. ¿Cómo podía pensar que yo iba a hacer algo así? Estuvo tres sesiones y abandonó.

Era un hombre seductor (lo podemos ver en la soltura, personalización y elegancia de la letra), que antes de entrar en sesión pasaba siempre al baño a peinarse y perfumarse.

Ella me contaba que al principio fue encantador, que la enamoró, que la tenía como a una princesa, que le hacía el amor como nadie. Pero que después empezó a quererla dominar, a intentar por todos los medios que se quedara en casa y que él le llevaba el negocio que ella tenía, a lo que la mujer, lógicamente, se negó. Y ahí empezó el acoso, la posesión, los enfados, las persecuciones, el aparecer en su negocio para controlar, los celos, los gritos, los empujones… hasta que un día fue más violento, ella se fue y le denunció.

Y para finalizar este capítulo de la sexualidad voy a ilustrarlo con un ejemplo de una persona que vino a hacerse un estudio grafológico y después hizo un proceso de superación personal por la escritura, en el que pude constatar lo que me informó su grafía en ese primer análisis.

Para poder ilustrarlo he extraído de un texto (como puede verse en la imagen anterior) palabras que contienen letras de pie, "g", "y" y "j".

La escritura tiene una fuerte presión, dejando un surco importante por el reverso del papel.

La largura del pie, como puede apreciarse, está bien, incluso en algunas un poco más larga de lo que es proporcional.

Pero son letras que, para una sexualidad placentera, deberían formar un bucle sin angulación en su base. Y, si observamos esta escritura, vemos que ese requisito no lo cumplen ninguna de las letras. Hay un par de "y" que forman un poco de bucle, pero es estrecho y tienen un fuerte ángulo en su base. En el resto de las letras aparece el pie con rasgo encubierto, o el movimiento de descenso y ascenso están superpuestos, o se quedan monolineales, sin el gesto de ascenso, o forman en su base un rasgo de escorpión, pues terminan en la parte inferior con un arpón anguloso, como "tengo" y "algo". Y, por supuesto, no hay unión con la letra siguiente.

Estas muestras pertenecen a una mujer de unos cuarenta y cinco años, casada, que practica sexo con distintos hombres varias veces a la semana. Son hombres cualquiera, de un momento. Alguien que conoce en una cafetería, un compañero de trabajo, el marido de una amiga, etc. No hay implicación emocional con ellos, solo sexo, sintiendo con eso que solo tiene que chascar los dedos para obtener lo que quiere y que es ella quien domina. Incluso en ocasiones, de manera sutil les veja.

Si fuera una sexualidad placentera veríamos un bucle amplio con la base curvada. Aunque, como la que disfruta es ella y no hay vínculo afectivo, estaría claro que no esperaríamos encontrar unión a la letra siguiente.

Ella hablaba de sus experiencias como algo estupendo a lo que no iba a renunciar, aunque estuviera casada.

La pregunta que nos tendríamos que hacer es ¿tanta sexualidad le resulta placentera? Yo diría que no, que con esos pies angulosos algo se queda inconcluso. La pregunta que surge es ¿Por qué busca y busca tener relaciones?

Si ahora os añado un dato, quizá os aclare algo. Fue violada por un tío suyo en la pubertad. Y está claro que eso la ha marcado, aunque lo haya desterrado de su mente y crea que es pasado.

A los trece años tuvo su primera relación con un chico y se sintió poderosa. Desde entonces no ha dejado de tener tantas relaciones como quiere. Y me contaba que, en muchas ocasiones, sentía mucho placer al ridiculizarlos.

Está claro que se siente poderosa con los hombres.

¿Cuál es su satisfacción?, ¿dominar ella?, ¿está utilizando a los hombres como la utilizaron a ella?

Puedo aseguraros que a traves del proceso que realizó muchas cosas cambiaron en su actitud.

RELACIÓN CON UNO MISMO

ÁREA DE LA AUTOESTIMA, LA CONFIANZA Y LA SEGURIDAD PERSONAL

Podríamos pensar que la relación con uno no afecta a nadie más que al propio sujeto. Pero nada más lejos de la realidad.

Lo que cada persona piense de sí mismo y el sentimiento autoestimativo que tenga es muy importante en la relación de pareja, pues, a pesar de ser un sentimiento propio, afecta a la interacción con la otra persona.

Dentro del ámbito de la pareja todo se multiplica, se magnifica y los sentimientos cobran más fuerza. En una relación hay que desnudarse ante la otra persona, no solo de cuerpo, sino también permitirle entrar a zonas profundas de nuestra personalidad, abrir las compuertas y quedarnos vulnerables ante ella.

Así pues, una persona insegura no vivirá la unión con la otra persona de manera tranquila, segura y placentera. Más bien al contrario, se le multiplicarán los miedos y las inseguridades y acabará teniendo una conducta insana para la relación buscando, sin ser consciente, salvaguardarse del modo que sea, activando sus propios mecanismos de protección.

Y esos mecanismos de protección pueden ser múltiples. Cada persona pondrá en marcha los que le resulten más cómodos o le aporten seguridad. Habrá quien se torne sumiso y complaciente, quien active la alerta y no pueda relajarse, viendo peligros para la relación en cualquier sitio, quien se vuelva controlador, quien proyecte sus inseguridades en su pareja, quien se vuelva dependiente, celoso, posesivo, paranoide...

Vamos a valorar a continuación, de manera un poco más estructurada, qué comportamientos se suelen tener según se tenga una adecuada valoración de sí mismo o esta sea deficiente y negativa.

Sentimiento de autovaloración sano o insano

Una persona con una autovaloración sana conoce sus valores y sus límites. Sabe lo que puede aportar y también es consciente de que puede que las relaciones no sean eternas, porque la vida fluye. Es capaz de adaptarse a la convivencia y al otro sin perderse a sí mismo, logrando ese equilibrio sano entre el Yo y el Nosotros. Puede abrir su interior y comunicar sentimientos, pues eso no le hace sentirse en desventaja ni vulnerable, porque tiene claro que cada persona es un individuo con puntos fuertes y débiles, con claroscuros, pero que si está con ella es porque la valora y la quiere por lo que es.

Mientras que, si una persona tiene un sentimiento devaluado de sí mismo, es decir, una autovaloración insana, su temor es que el otro se dé cuenta de que no tiene valor y le abandone. Vive la relación desde el miedo y, por ello, su comportamiento es tenso, temeroso, expectante y no fluye. Pueden darse las siguientes variables:

- ✓ <u>Que se genere dependencia afectiva</u>, pensando que el otro es mejor y más valido, y pasando a necesitarlo para todo. De ello se pueden derivar comportamientos posesivos, celosos, temerosos, aduladores, hipócritas, intrigantes, manipuladores, etc., puesto que le ha dado tanto valor a la otra persona y se ha devaluado tanto a sí mismo que siente que sin esa persona no sabría vivir y está todo el tiempo con el temor a perderle.

- ✓ <u>Que no confíe en sus valía</u> y, por tanto, ante el temor a que el otro le abandone finalmente, no logre vincularse, porque es como si estuviera de paso en la relación. Tiene marcadas dificultades para el compromiso profundo, parece que se compromete, pero íntimamente no es así. No puede abrir las compuertas de su coraza interior, no puede dejarse querer y no sabe querer, puesto que teme que todo sea efímero y que le duela.

✓ Que sobrecompense su inseguridad en forma combativa convirtiéndose en la parte fuerte de la pareja dominando o minusvalorando al otro. Intenta creerse que seguro, pues ni ante él mismo puede reconocer el sentimiento de pequeñez que tiene por dentro. Pero hay una negación absoluta de ese sentimiento y se ha ido al otro lado de la polaridad. La forma en que calma su inquietud interior es minusvalorando al que está con él. De ese modo, inconscientemente, parece que se asegura que el otro, al que ya se encarga de demostrarle que no vale, se va a quedar a su lado.

Suele predominar en esta actitud el orgullo, la necesidad de reconocimiento, la soberbia, la intolerancia, los celos, la altivez y el comportamiento duro y crítico con el otro.

Rasgos gráficos del sentimiento autoestimativo sano:

✓ Escritura firme y la firma un poco más (el trazo tiene buena presión, podemos ver la tonalidad de la tinta sin roturas o debilidades. Y, si pasamos la mano por el reverso del papel, podremos notar un pequeño realce por donde pasan las letras. En el caso de la firma esto estaría más acentuado): firmeza en sus convicciones, aplomo y fuerza para caminar por la vida encarando con seguridad las dificultades que se puedan presentar en el trayecto.

✓ Escritura progresiva (es una escritura simplificada en la que se evitan, en la medida de lo posible, los movimientos hacia atrás): actitud de avance segura, le gusta mirar al frente y no tiene miedo a arriesgar.

✓ Simplificada (se evitan, todo lo que sea posible, movimientos escriturales, pero de modo que esa reducción siga permitiendo la legibilidad): evita las complicaciones y los enredos porque le gusta lo sencillo, lo espontáneo y que las cosas sean claras y directas.

✓ Escritura ágil (rápida, sencilla, sin complicarse en vueltas innecesarias): mente abierta, ágil, segura y rápida para entender y elaborar las respuestas.

✓ Inclinación vertical o inclinada: (el eje de las letras se mantiene vertical, en los 90° o se tumba hacia la derecha sin alcanzar los 120°): confianza en sí para sentir y dejar salir la afectividad sin miedos ni represiones. El grado de inclinación mostrará la tonalidad de la calidez de sus sentimientos.

✓ Firma situada en el centro-derecha de la página (la firma se emplaza a medio camino entre el margen izquierdo y derecho o un poco más adelantada hacia la derecha): decisión, seguridad y aplomo para encarar la vida.

✓ Firma con la separación del texto adecuada (dejar el espacio para que quepa una línea entre el texto y la firma es la distancia adecuada): independencia de criterio y autosuficiencia para gestionarse la vida.

✓ Letras de firma algo mayor que texto (las letras de la firma, en general, son de una dimensión un poco mayor que las del texto, pero con una diferencia moderada): seguridad en sí mismo y confianza en sus posibilidades. Siente que podría enfrentar retos aún mayores, pues no ha demostrado todo, puesto que aún tiene más capacidades a las que apelar.

✓ Mayúsculas un poco mayores de tamaño que las del texto: (algo más altas, no demasiado, de lo que corresponde para el tamaño del escrito. Las mayúsculas deben medir como tres "o" del mismo escrito, puestos uno sobre otro en vertical): cuenta con buena autoimagen, lo que le aporta la confianza necesaria en sí mismo para afrontar retos con aplomo y entereza.

✓ Primer monte de "M" ligeramente más alto (el primer monte de los dos o tres que conforman la "M" debería ser algo más alto que los demás o al menos igual. Pues en este caso se cumple eso, es algo más alto): buena imagen de sí que le da seguridad en las relaciones personales, puesto que sabe quién es y conoce sus valores, lo que le permite interaccionar seguro.

✓ Firma legible (podemos leer la firma, aunque hemos de tener en cuenta que las firmas siempre se leen un poco menos que el texto debido a la rapidez en la ejecución, ya que es un gesto automatizado): sentido de la responsabilidad, le gusta actuar con honestidad asumiendo sus actos y respondiendo con claridad y lealtad.

✓ Firma con rúbrica muy sencilla o sin rúbrica (se firma con nombre y apellidos o nombre solo o lo que se acostumbre a poner, pero la rúbrica que se añade es un pequeño trazo, sin embrollos o ni siquiera se pone rubrica): sencillez en el trato y transparencia en la forma de mostrarse.

(Escritura de Barack Obama)
Escritura de presión firme, progresiva, simplificada, ágil, ligeramente inclinada, firma a la derecha con mayúsculas algo mayores que en texto, legible sin exceso y sin rúbrica.

Rasgos gráficos del sentimiento autoestimativo bajo sin sobrecompensación

En este caso la persona se siente insegura y muy vulnerable, pero no cae en ningún mecanismo de compensación.

✓ <u>Escritura con irregularidades en varios géneros</u> (aparecen diferencias en distintos géneros escriturales: tamaño, inclinación, dirección líneas, presión…, dándonos la impresión de una escritura agitada): emotividad muy a flor de piel que le resulta muy difícil gestionar. Labilidad emocional.

- ✓ <u>Inclinación invertida y/o oscilante</u> (el eje de la letra se deja caer hacia la izquierda quedando entre los 60° y 90°, y puede que vibrando mucho y, por tanto, variando bastante de grados de unas letras a otras): inseguridad en el terreno emocional que le mantiene en un "quiero y no me atrevo" o directamente en la desconfianza, lo que le hace proclive a cerrarse como medida protectora.

- ✓ <u>Escritura rebajada y/o apretada</u> (las letras son menos altas de lo normal y los óvalos ("a", "o", "d", "q"…) aparecen como aplastados y quizá también reduciendo los espacios entre letras y dentro de la propia letra): inhibición, timidez o inseguridad en las relaciones. No se da suficiente espacio a sí mismo y puede (si es rebajada) que acepte imposiciones por miedo y también porque carece de asertividad para defender sus derechos.

- ✓ <u>Firma a la izquierda</u> (la firma se sitúa cercana al margen izquierdo): temor e inhibición. Se suele quedar queda aferrado al territorio que considera seguro, sin arriesgar fuera de él.

- ✓ <u>Firma excesivamente cerca del texto, incluso invadiendo, o demasiado alejada</u> (pueden darse las dos variables. Muy cercana al texto, sin dejar el espacio para una línea, que es lo adecuado, pudiendo en ocasiones acercarse tanto que pise algunas letras del escrito. O, se va al otro extremo y sitúa la firma muy alejada del texto): en el primer caso, dependencia tanto afectiva como de necesidad de protección por temor a su autonomía. En el segundo, desconfianza y recelo que le hace aislarse del mundo y protegerse de las interacciones con los otros como medida de seguridad.

- ✓ <u>Letras de firma menores que las del texto</u>: (las letras de la firma, en general, son de una dimensión más pequeña que las del texto): autovaloración muy baja, devaluación de sí mismo y escasa confianza en sus capacidades.

- ✓ <u>Mayúsculas de la firma menores que las del texto</u>: (comparándolas con las de la página escrita, las mayúsculas de la firma son más pequeñas): humildad, sensación de pequeñez cuando se compara con los demás lo que debilita la confianza en sí mismo.

- ✓ <u>Primer monte de "M" más bajo</u> (el primer monte de los dos o tres que conforman la "M" debería ser algo más alto que los demás o al menos igual. Pero en este caso es más bajo): magnifica la valía de las otras personas a quienes considera más capaces para todo, por eso les da más importancia, y les pone en un primer plano, en detrimento de sí mismo.

- ✓ <u>Firma ilegible o sólo las iniciales</u> (no podemos leer lo que pone en firma o se puede leer pero sólo ha puesto las iniciales del nombre y/o apellidos): marcada inseguridad, no sabe en qué facetas de sí apoyarse o qué mostrar de sí que pueda ser considerado valioso. Esa ocultación por inseguridad a veces puede llevarle a mentir.

- ✓ <u>Rúbrica complicada que tacha la firma</u>: (con la rúbrica se dibuja una maraña de idas y venidas que pasan por encima de la firma tachándola): autodesprecio, devaluación y, dependiendo de la intensidad del tachado, pueden darse tendencias autolesivas como adicciones, depresión, marcada tendencia a la culpa, etc.

- ✓ <u>Cuchillos en la firma dirigidos a la izquierda, a la derecha o a ambos lados</u> (aparecen ángulos cerrados, que semejan puntas de cuchillo y que se dirigen tanto a la izquierda como a la derecha o a los dos lados alternativamente): sentimiento de culpa y malestar interno que canaliza hacia sí mismo en forma de autodesprecio o que, además, puede proyectar en el ambiente.

Escritura con irregularidades en varios géneros, invertida, oscilante, firma en centro-izquierda, con letras de menor tamaño que en el texto, complicada, tachada y con cuchillos hacia la izquierda y también hacia la derecha.

Rasgos gráficos del sentimiento autoestimativo bajo compensado con superioridad

En este caso la persona se siente insegura, pero se lo niega a sí misma y a los demás, y cae en una sobrecompensación, por lo que se muestra con apariencia de mucha seguridad.

✓ Escritura tipográfica (es una escritura que sigue de manera muy fiel el modelo script, sin variaciones. También se conoce como tipográfica cuando la escritura está toda en mayúsculas, sin que aparezcan minúsculas): protección hermética de sus emociones y personalidad oculta tras una fachada creada por ella misma, con la que se identifica y con la que actúa.

✓ <u>Escritura contenida y regular</u> (escritura controlada, sin rasgos que se disparen o finales más largos de la cuenta, manteniéndose durante todo el escrito más o menos igual): fuerte control sobre cualquier impulso que pueda emerger espontáneamente y sobre lo que muestra de sí mismo.

✓ <u>Escritura dibujada, artificial</u> (la escritura se ve artificiosa, muy dibujada, siguiendo algún modelo caligráfico o haciendo uno propio, pero todo muy mecánico): actitud taimada, de disimulo y ocultación, que muestra al exterior una personalidad engañosa, que representa a un personaje creado por él mismo y no a la persona que es.

✓ <u>Escritura sobrealzada</u> (las letras, que tienden a ser más altas de lo normal, dan la impresión de que, además, se estiran en vertical): orgullo, altivez, soberbia y búsqueda compulsiva de valoración y reconocimiento.

✓ <u>Travesaños de "t" altos</u> (el lugar adecuado para colocar el travesaño de la "t" es a media altura del palote básico. En este caso están colocados más arriba): gusto por dominar, por subyugar y quedar encima del otro.

✓ <u>Letras de firma mucho mayores que las del texto</u> (las letras de la firma son mayores que las letras que aparecen en el escrito): siente idolatría hacia sí mismo pues tiene una autoimagen magnificada.

✓ <u>Mayúsculas de la firma extremadamente altas</u> (mucho más altas de lo que corresponde para el tamaño del escrito. Las mayúsculas deben medir como tres "o" del mismo escrito, puestos uno sobre otro en vertical):

actitud soberbia y orgullosa que menosprecia a los demás con un comportamiento altivo y desdeñoso.

✓ <u>Primer monte de "M" bastante más alto</u> (el primer monte de los dos o tres que conforman la "M" debería ser algo más alto que los demás o al menos igual. Pero en este caso es mucho más alto, en exceso): propensión a darse mucha importancia y protagonismo en las relaciones en detrimento de los demás.

✓ <u>Presión acentuada en vertical</u> (se ejerce más fuerza en los movimientos que van de arriba a abajo): actitud impositiva que busca tener siempre razón y que sus opiniones prevalezcan siempre.

✓ <u>Rasgos verticales y/o hacia la derecha acerados</u> (aparecen trazos punzantes en la parte baja del cuerpo medio o en los pies y/o dirigidos hacia la derecha): comportamiento duro, irónico y sádico que veja y daña a las otras personas.

Escritura con travesaños de "t" altos, letras de firma mucho mayores que las del texto, especialmente las mayúsculas, primer monte de "M" más alto que los demás, predominio de presión vertical y acerados en vertical (esos acerados verticales además son largos y pinchan la zona media de la línea siguiente, por tanto son muy invasivos)

BREVE APROXIMACIÓN AL

TEST GRÁFICO DE LA PAREJA

En este caso solo voy a hacer una breve aproximación al test gráfico de la pareja, para dar una idea de la información que nos puede aportar y de qué modo puede enriquecer de matices el informe de la compatibilidad de pareja.

Para ampliar la información sobre los test gráficos próximamente sacaré el libro que tengo en fase de escritura y que es un manual de todos los test gráficos: árbol, casa, pareja, persona, persona del sexo contrario, familia inventada, familia kinética y persona paseando bajo la lluvia. Y en él ya habrá un estudio completo de esta herramienta que son los test proyectivos.

Para hacer el test gráfico de pareja, se le da al sujeto un papel en blanco de tamaño cuartilla y se le pide que dibuje una pareja, sin ningún interés especial en el aspecto artístico, sino de manera natural.

Lo normal es que el sujeto haga una pareja de personas, pero puede que no sea así y nos dibuje cualquier otra cosa, una pareja de cartas, una pareja de policías, un par de zapatos… en ese caso, le dejamos hacer y, cuando termine, le indicamos, dándole otra hoja, que ahora nos dibuje a dos personas.

Cercanía de los miembros entre sí

La cercanía nos va a mostrar la afinidad, el amor, un mayor compromiso, o un sentimiento más profundo, mientras que la distancia señala la distancia emocional, la falta de cariño y las dificultades en la pareja.

Por lógica, si nos fijamos en los ejemplos que siguen, no podemos pensar que va a haber la misma afinidad o el mismo cariño y deseo de cercanía en el tercer dibujo que en el primero. En este primero se aprecia un nivel de complicidad, de enamoramiento y de deseo de contacto importante, mientras que en el tercero cada uno habita en su mundo particular.

Contacto entre ellos

Estar cercano al otro con algún contacto es indicio de satisfacción por estar al lado del otro, de afectividad, buena relación y buena química entre ellos. El grado de contacto nos va a indicar mejor cuánto le satisface a la persona autora del dibujo estar junto a su pareja.

También pueden verse contactos forzados, por ejemplo, dos manos unidas por una línea, o suciedad en la unión de las manos. Y eso nos mostraría que el vínculo no es tan real como intenta aparentar y que subyace algún conflicto de fondo.

En las figuras que siguen podemos apreciar con claridad la diferencia de contacto entre unas y otras.

En las dos primeras vemos una gran intimidad, un gran deseo de contacto y de estar juntos. En la tercera y la cuarta vemos unión, pero podemos apreciar que esa unión no es buena; en la tercera porque las manos que se unen tienen unos dedos como cuchillos, por lo que deducimos que la unión está tachonada de enojo y rabia subterránea; y en relación a la cuarta vemos que la unión no es espontánea y natural, sino un tanto forzada y con algo de maraña, por lo que puede que haya algo oculto o sentimientos de culpa. Y en el quinto dibujo, directamente no hay contacto ni intención de que lo haya, lo que nos muestra la distancia emocional que hay entre los dos miembros de esta pareja.

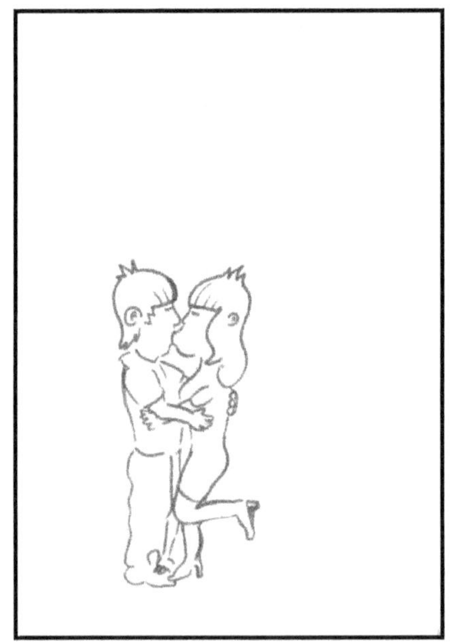

El tamaño de las figuras

En primer lugar tenemos que tener en cuenta el tamaño de las dos figuras con respecto al espacio que tiene. Siempre se les da medio folio para hacerlo y entenderíamos que un dibujo (el conjunto del dibujo) tiene un tamaño normal cuando ocupa aproximadamente la mitad del espacio disponible.

Con esa proporción veríamos una seguridad normal cuando el autor se adentra en el mundo de la pareja. La disminución de ese tamaño nos habla de inhibición e inseguridad dentro del ámbito de la relación. Cuanto más pequeño es el dibujo, más inseguro se siente el autor.

Y luego hemos de tener en cuenta una segunda parte, que es si una de las figuras tiene un mayor tamaño que la otra. Si el autor del dibujo realiza a su pareja más grande, veríamos admiración y amor, mientras que si le traza más pequeño veríamos que le percibe inferior que él/ella, que no le admira o que le infravalora o desprecia. Si son similares la valoración de ambos es más o menos igual.

En los siguientes ejemplos podemos ver las diferentes opciones. Partiríamos de la base de que la tercera imagen, que ocupa más o menos la mitad del espacio disponible, es el tamaño adecuado para mostrar una seguridad sana en la relación. La segunda imagen ya sería demasiado grande, con lo que estaríamos ante una persona que reclama un gran protagonismo, porque tiene un ego que necesita que lo admiren y atiendan. La primera imagen, ni siquiera ha sabido ajustarse al espacio que le han dado y ha necesitado unir una segunda hoja para poder rematar el dibujo, lo que nos señala que no sabe adaptarse a lo que tiene por lo que siempre va a demandar más.

Por el lado contrario, las imágenes cuarta y quinta, nos indican la inseguridad del sujeto que dibuja, especialmente la quinta donde el tamaño es muy pequeño.

También en la cuarta y quinta imagen podemos apreciar que una de las figuras es menor que la otra. En la cuarta imagen el dibujo está ejecutado por una mujer, por lo que apreciamos la desvalorización que hace del hombre, que es su pareja. En el caso del quinto ejemplo, el dibujo está realizado por un hombre, con lo que la devaluación es hacia su mujer.

VARÓN
MUJER

El cuidado o la atención de los detalles en cada uno

Hay que ver si el dibujo más cuidado es el que representa al dibujante o a su pareja, porque al que ejecute con más detalles y atención, será al que considere más válido.

En el caso del ejemplo, puede apreciarse que la figura del hombre está menos terminada que la de la mujer, tiene los pies y las manos inconclusos, y en el caso del tronco se ha limitado a una simple línea, lo que no sucede en la figura de la mujer que hasta ha reflejado los pechos. El dibujo está realizado por una mujer, lo que nos señala que a su pareja, el varón, le da poco valor.

Los dos miembros de la pareja vistos de espaldas

Deseo de vivir una vida propia, a su manera, sin la interferencia de las normas sociales o familiares e intentando que nadie intervenga en su relación.

Dibujar las figuras solo con unas líneas

Dificultades para entender y expresar sentimientos, pues la persona es excesivamente racional.

Claramente, dentro de que las dos muestras que siguen están trazadas solo con líneas y eso indica dificultades emocionales, tendríamos que decir que la primera tiene muchas más, por el deterioro del dibujo, por los trazos rotos y porque ni siquiera aparecen los rasgos faciales.

Figuras con organos sexuales explícitos

Fijación en el tema erótico-sexual, donde hay demasiada obsesión.

Dibujar solo la cabeza de las dos personas

Temor a adentrarse en el mundo de los sentimientos, el erotismo y la sexualidad. Esto puede ser por timidez, inhibición, por una educación restrictiva, por inseguridad con su cuerpo o su sexualidad o por algún problema anterior relacionado con este tema.

¡tú también!
te quiero mucho
eres muy
buena
Hola

<u>No dibujar una persona humana</u>

En este supuesto apreciamos un cierto temor a enfrentarse al mundo de la pareja, por inseguridad, por inhibición, temor, etc. Por la razón que sea, el sujeto evita proyectarse o adentrarse en la relación.

Como puede apreciarse en los siguientes ejemplos donde han evitado dibujar personas y lo han sustituido por cualquier otra cosa como representación de la relación.

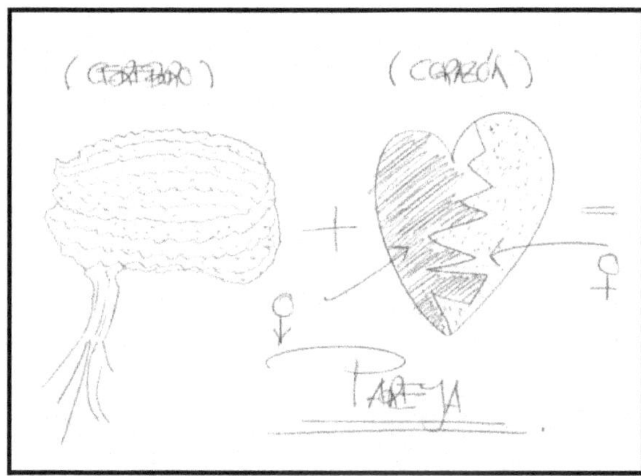

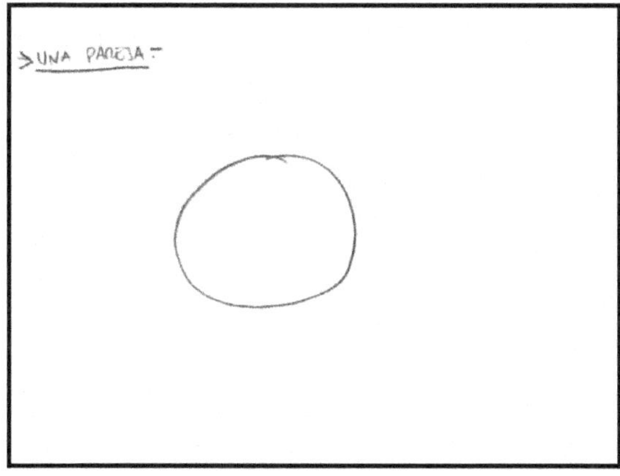

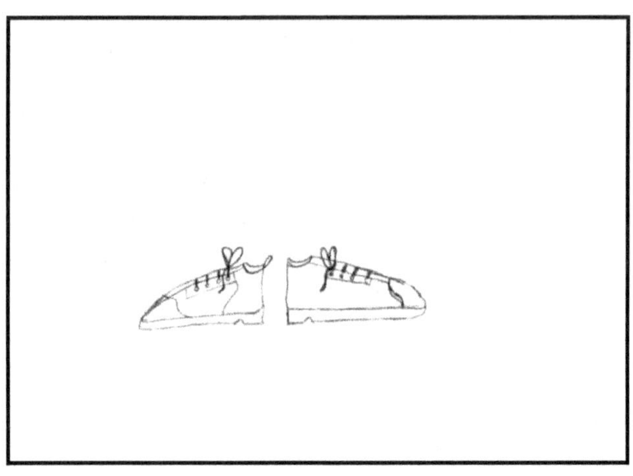

<u>Otras expresiones en el dibujo que nos dan información</u>

Hay rasgos del dibujo, expresiones corporales o faciales que, sin poderlas encuadrar dentro de un apartado particular nos dan información sobre lo que está ocurriendo en esa relación.

Añado algunos ejemplos para que esto quede un poco más claro. En ellos podemos apreciar que algo sucede.

En el primer caso, dibujado por el hombre, él aparece muy, muy pequeño y debajo de los pies de la mujer. Está claro que tendríamos que preguntarnos qué está pasando para, de ese modo tan gráfico, sentirse pisoteado por la mujer.

En el segundo y tercer ejemplos, las dibujantes son mujeres. Se puede ver que ellas se están alejando de ellos, dejándoles atrás. En el tercer ejemplo, incluso parece que él le estuviera reclamando y ella se siente culpable y agacha la cabeza, pero sigue. Cuando alguien viene a terapia y cuenta que está ansioso o triste o que se siente mal y alega que son problemas en el trabajo o cualquier otra cosa, pero vemos un dibujo como este, hemos de pensar que, más pronto que tarde, irá emergiendo el problema principal que está de fondo, que es que su relación de pareja ya no le llena o le hace infeliz e internamente ya ha tomado la decisión de dejarlo, aunque aún no sea consciente de ello.

En la cuarta imagen, nos parece más una relación maternal que de pareja. Vemos a la mujer más grande y hasta es ella la que coge de la mano al chico. La impresión es más de madre e hijo. Tendríamos que preguntarnos si se ha establecido una relación materno-filial en la que la mujer cuida al marido.

En el quinto ejemplo, dibujado por una mujer, se plasma una relación homosexual entre dos mujeres.

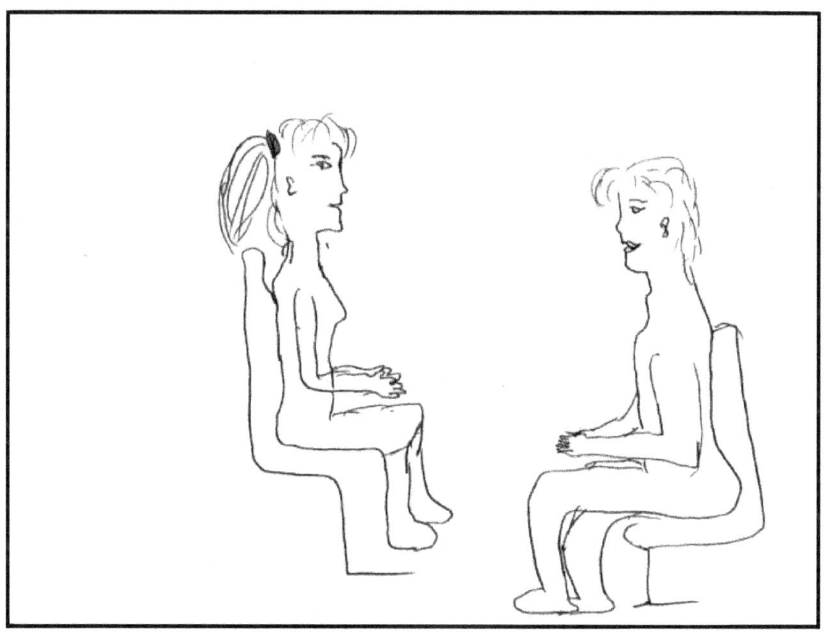

ESTUDIOS DE COMPATIBILIDAD DE PAREJA

DOS EJEMPLOS

He querido finalizar este libro con ejemplos de estudios grafológicos de dos parejas con el fin de ejemplificar la metodología vista en los capítulos anteriores.

Para ello pongo las escrituras y el test gráfico de pareja, de cada uno de los miembros de las dos parejas. A continuación un informe con lo que son los puntos más destacados, tanto los que pueden facilitar la unión haciéndola más factible, como los que pueden generar complicaciones en dicha relación.

Primera pareja

Mujer de 29 años

En primer lugar me llamo ,,... Soy la tercera de cuatro hermanos y la única chica, lo cual tiene sus ventajas y desventajas; en momentos he echado de menos una hermana, pero también está bien que de vez en cuando me dejen en palmitas.

Mi padre acaba de cumplir 64 años y mi madre, también este mes, la cumplió 58. Me parezco bastante más a mi padre que a mi madre, aunque últimamente me estoy dando cuenta de que tengo más cosas de ella de lo que pensaba.

En estos momentos no estoy trabajando. En marzo la empresa donde estaba se trasladó y como me contrató una empresa de servicios y ésta dejó su contrato, a mí me rescindieron el mío. Sinceramente era lo que yo quería, pues me apeteció tomarme un tiempo sabático, que estoy aprovechando para estudiar, organizar un poco mi vida y hacer cosas para las cuales antes no tenía tiempo, como ver a mi sobrina, leer, salir más con amigos...

Tengo un novio muy alto y muy majo. Se llama ,.... (,........ no me gusta), y es .... De él puedo decir muchas cosas buenas, y alguna regular, como de todo el mundo, claro, pero me quedo aquí.

Llegué a [ilegible] hace dos años y medio. La verdad que fue una decisión complicada. Recuerdo que había salido de una mala etapa y me apetecía desconectar. Pensé que [ilegible] era una buena oportunidad. Conocía a [ilegible] y tenía ganas de estar más cerca de ella. Llegué un [ilegible] de Febrero. Mis padres me acompañaron. Buscamos una habitación en donde alojarme y me instalé allí. Estuve 3 meses allí viviendo. Al cuarto mes me enteré de una señora que alquilaba habitaciones en [ilegible]. Me mudé. Me alquiló una habitación, pero después para mí de todo el [ilegible]. Fueron momentos dejables. Me costó acostumbrarme a estar sólo. El trabajo me agotaba. Ganaba dinero pero odiaba la sensación de llegar a casa y no encontrar a nadie, no ya para hablar, sino por sentirlo, por saber de que alguien estaba allí. Después de todo este tiempo reconozco que la experiencia me ha ayudado en muchos campos, pero extraño demasiado a mi familia y a todo el mundo que me rodeaba antes

Al abordar este estudio hemos de fijarnos en los distintos planos que se prestan o no a esta complementación y que son: lo intelectual, lo volitivo y la actitud con los demás, la afectividad y erotismo y la relación consigo mismos como individuos.

Asimismo, estudiaremos los elementos que pueden llegar a ser discordantes o disociantes en una pareja.

En lo que respecta al área intelectiva, no se encuentran elementos que puedan generar disparidad puesto que el nivel de inteligencia de ambos es bastante equivalente.

Ella tiene una mejor claridad en las ideas, siendo más capaz de tomar distancia de las cuestiones para el análisis, mientras que él propende más al amontonamiento de los conceptos en su mente. Pero no es algo tan significativo como para generarles problemas.

En lo referente a la capacidad de reflexión ambos son prudentes y reflexivos sin dejarse llevar alocadamente por los impulsos.

El predominio en los dos del sentimiento sobre la razón hace que el pensamiento pueda teñirse de subjetividad. Ahí podrían producirse ciertos roces, puesto que no dejan el mando a la razón sino que es la emoción la que lleva las riendas. Eso hace que cuando entra en juego el sentimiento pierdan ecuanimidad y les sea muy difícil discernir imparcialmente. Bien es cierto que ella es más razonadora o al menos logra mantener un cierto control sobre su emotividad y aquí podría aplicarse el dicho: "dos no riñen si uno no quiere".

La visión de conjunto y de detalle son complementarias pues uno tiende a ver más el conjunto y la otra es capaz de acercarse al pequeño detalle y profundizar más en busca de respuestas.

La escritura de ella muestra una personalidad más creativa, más curiosa y con más recursos para la búsqueda de nuevas opciones. Si bien hemos de decir que su control y su deseo de mantenerse siempre coherente puede mermar esa capacidad innata. Por parte de él se observa menos propensión a la búsqueda, al aprendizaje y al avance. El miedo tiende a frenarle y dejarle apoyado en lo que conoce.

En cuanto a la voluntad, ella es una persona constante y persistente, mientras que él es más inconstante y versátil, lo que no crea problemas en la pareja, ya que lo que le sobra a una le falta al otro. Aunque bien es cierto que ella puede llegar a quemarse en ocasiones porque le gustaría que él fuera más disciplinado.

En cuanto a la tendencia al mando o a someterse, él necesita dominar la situación e imponer sus opiniones, y además lo hace con terquedad, sin escuchar razonamientos. Mientras que ella tiene una buena disposición para no crear problemas, es razonadora y sumisa, por lo que en esta área destaca también los elementos positivos de complementación.

Tanto el orden en su vida y en sus cosas como el manejo de la economía se mantiene en los dos miembros dentro de la normalidad es por ello que no consideramos que pueda ser fuente de conflictos.

En lo referente al control sobre las emociones, claramente ella ejerce un poderoso control sobre sí, dirigiendo o controlando su emoción con mano firme. No puede decirse lo mismo de él, que tiene una emocionalidad agitada, con salidas de tono importantes. Claro que podemos decir que eso les compensa, les equilibra, pero no olvidemos el desgaste que le va a suponer a ella encajar esa emotividad tan disparada de él.

En lo referente a las relaciones personales, analizaremos con especial interés los elementos que pueden generar conflicto, como, por ejemplo, el egoísmo, el orgullo, la intransigencia, la crueldad, la polémica…

En el presente caso es el orgullo el factor más significativo para tener en cuenta como desencadenante de dificultades en el equilibrio de la pareja.

Los dos son personas orgullosas y, como consecuencia, muy susceptibles, se sienten heridas con facilidad y se ofenden sobre todo si algo afecta a su imagen. Bien es cierto que en este caso, este factor de riesgo en la actualidad se encuentra paliado por la sumisión y admiración de ella a su pareja, pero si esto no fuera así, la convivencia podría resultar muy difícil.

Como elemento de unión hallaríamos la necesidad afectiva de ambos. Es cierto que los dos tienen dificultades para vincularse sin temor, pero hemos encontrado en ella un elemento muy significativo en su carácter y es precisamente su facilidad para la donación y la entrega afectiva.

Esta entrega afectiva y esa sumisión ante sacrificios y donaciones excesivas viene como consecuencia de su miedo a la independencia y a la soledad, lo que le lleva a entregarse a su compañero como medio de sentirse segura y protegida por él.

El problema que se observa es que la demanda de él es excesiva. Su fuerte miedo a la soledad así como su necesidad de afectos permanentemente insatisfecha, le hacen voraz en esa demanda y puede llegar a asfixiar esta relación. Su personalidad dependiente y su requerimiento constante de atención le hacen posesivo y pueden llegar a agotar a su compañera.

También es cierto que tanto en un miembro de la pareja como en otro existe en su interior inseguridad y fuerte emotividad no suficientemente resuelta. La consecuencia de esto son explosiones de mal genio, inestabilidad emocional, etc. Efectos que han de cuidar si no quieren que repercutan negativamente.

En el aspecto erótico y sexual se aprecia que no es algo en lo que se sientan seguros y cómodos. Por parte de ella aparece un fuerte temor a sus impulsos y a la forma de encararlos, teme la fuerza de estos y por educación los reprime, lo que le impele a rechazarlos fuertemente alejándolos de su consciencia. Por parte de él se aprecia temor al compromiso afectivo y una tendencia a vivir su sexualidad más en la imaginación que en la realidad.

Esta es un aspecto a tener en cuenta pues a la larga puede ser el origen de conflictos en la relación. Pero no significa que esto no se pueda solucionar. No es eso. Pero en el momento actual es una faceta más bien relegada o pospuesta y que es recomendable que tengan en cuenta, puesto que la complicidad, el juego, el erotismo y el sexo son importantes dentro de una relación de pareja.

Ambos tienen personalidades inseguras y cada uno la compensa a su modo. En el caso de ella, para sentirse mejor y obtener un mejor reconocimiento tiende a tener una buena actitud, a ceder, a disciplinarse, a ser exigente consigo misma y a claudicar sin queja. En el caso de él la compensación va más por el lado de la dependencia afectiva y de la posesión del otro, incluso imponiendo su criterio.

Estas relaciones en principio suelen funcionar, uno domina y otro se somete, uno demanda y otro se dona. Parece que se complementan.

Pero en este caso, las motivaciones latentes de ella van encaminadas al crecimiento y la búsqueda de cosas nuevas, a pesar de que en la actualidad el miedo le esté frenando. El día que consiga afrontar sus miedos y pueda dar un paso al frente, la posesión de él, que se acentuará ante el temor al crecimiento de ella, para ella será como un lastre que le impide el ansiado avance.

Resumiendo, los elementos discordantes a destacar en esta relación son el orgullo de ambos, la terquedad y la fuerte dependencia afectiva de él y los deseos latentes de iniciar el vuelo de ella.

Como factores de unión son de destacar su afectividad mutua, su sensibilidad, la honestidad de ambos, el equilibrio en el orden, la economía o la capacidad de trabajo, un nivel intelectivo parejo...

Esta información va encaminada a que ambos miembros sean conscientes de los factores que les hacen más compatibles, para potenciarlos, y de los que les pueden generar conflictos para minimizarlos en la medida de lo posible.

<u>Mujer de 32 años</u>

Me llamo [illegible] . _ _ y soy la hija mayor de tres hermanos. Estoy casada y no tengo hijos aunque tengo una gatita en casa. Llevo dos años casada y me gusta.

Ahora mismo estoy trabajando en una [illegible]. Soy [illegible] técnico y llevo la dirección de una [illegible] en g[illegible].

Vivo en t[illegible] ahora pero me gustaría vivir en un lugar con más vegetación y cerca de la montaña.

No se me ocurre que más contar que resulte necesario para situarme.

Me gusta la música, leer, tocar la guitarra y mirar las estrellas por la noche. Estoy muy interesada en la ecología y soy vegetariana.

[firma]

Como en el primer dibujo evita dibujar una pareja de personas, una vez terminado se le pide que ahora sí las dibuje.

Mi nombre es [ilegible]. Nací en Madrid el 22 de febrero de 1962. Mis padres tuvieron dos hijos, de los cuales yo soy el menor. Mi hermano tiene 8 años más que yo. Hasta el año 2000 he vivido con mis padres en el barrio de [ilegible]. En dicho año me casé y me trasladé a vivir a [ilegible]. No tenemos hijos, pero espero que, en no mucho tiempo, tengamos al menos uno. Trabajo también en la zona de [ilegible] en un taller de soldadura, pero confío en no continuar durante mucho tiempo más allí. He estudiado quiromasaje, Drenaje linfático y reflexología podal. Desearía cambiar de profesión y dedicarme a esto último, aunque quiero disponer también de tiempo libre para dedicarlo a estar con mi mujer y a otras aficiones que tengo, dibujar, tocar la guitarra, leer, etc. Bueno, creo que con esto será suficiente.

Un saludo

[firma]

Al igual que en el informe anterior nos dedicaremos a analizar los distintos planos que influyen para bien o para mal en a esta compaginación de los dos miembros de la pareja y que son: lo intelectual, lo volitivo y la actitud con los demás, la afectividad y erotismo y la relación consigo mismos como individuos.

Y del mismo modo, estudiaremos los elementos que pueden llegar a ser fuente de conflicto en la relación.

En lo concerniente a lo intelectual, hemos de señalar que la compaginación es bastante positiva, pues el nivel de inteligencia es similar, tanto la capacidad de captación, la agilidad para hacerlo como la claridad en las ideas no presentan dificultades por ninguna de las dos partes, siendo ambas bastante análogas.

La visión de conjunto y de detalles produce afinidad pues uno tiende a ver más el detalle y la otra es capaz de una visión más general, lo que hace que cada uno se enriquezca con la percepción del otro.

Hay una tendencia innata en él a obrar más espontáneamente, guiándose por los impulsos, así como a un mayor predominio del sentimiento por encima de la razón, lo que puede hacer que el pensamiento se tiña de subjetividad. No obstante, ejerce tanto control sobre sí, que no dejará que la razón se enturbie en exceso. Ella, por su parte, propende al control de sus sentimientos, queriendo mantenerse en un plano más racional, aunque, a veces, las frustraciones le llenan de irritabilidad y cambios de humor. En conjunto, tanto uno como otro son personas razonadoras por lo que no afectará en exceso a su relación.

Se da un mayor nivel de creatividad en ella, porque él lleva su personalidad muy frenada, lo que no le deja fluir. Pero los dos tienen inquietudes intelectuales, lo que les ayudará en su desarrollo personal.

En cuanto a la voluntad, él es una persona con fuerte voluntad, disciplinado y constante en sus labores, tendente al detalle y al perfeccionismo. En ella más bien resalta la versatilidad y la rapidez en lo que encara, por tanto, se suman.

El orden, tanto en su vida como en sus cosas, es medio en ambos casos, ninguno de los dos es muy desorganizado ni tampoco obsesivo con el control, lo que hará que fluyan para organizarse en las labores domésticas o en las funciones a realizar. Y el manejo de la economía se mantiene en los dos miembros dentro de la normalidad es por ello que no consideramos que ninguna de estas dos facetas puedan ser fuente de conflictos.

En cuanto al binomio dominio-sumisión, tanto uno como otra tienen tendencia al mando. Esto es algo a tener en cuenta, pues son dos personalidades fuertes, con tendencia a la imposición, y puede acarrear problemas de convivencia.

Para él la expresión de mando obedece más a una necesidad de sentirse superior desde una posición intelectiva y no por la fuerza. Es decir, por la fuerza de la razón, y no por razón de la fuerza. En cambio, ella tiene una clara tendencia a la imposición como medio de autoafirmarse y compensar sus inseguridades. Es decir, llevar las riendas, sentir que controla, es lo único que logra acallar sus miedos internos. Esto puede ser positivo momentáneamente para ella, pero a la larga, puede poner en peligro la estabilidad de la pareja.

Hay que tener en cuenta que él tiende, las más de las veces, a claudicar. Esto, que en primer momento puede ser una solución temporal, llegaría a ser una bomba de relojería que puede estallar en cualquier momento, ya que esta sumisión es solo aparente, pues en su fuero interno se está acumulando un sentimiento de frustración.

En un momento dado, este sentimiento de frustración puede desencadenar problemas en la pareja, puesto que no estará dispuesto a la sumisión permanente. Estar en un segundo plano, en una personalidad deseosa de triunfo, puede llegar a minar en exceso.

En el control sobre sus emociones hay esfuerzo para lograr mantenerlo. Ella es más espontánea, con menos freno y puede decir lo que le surja en el momento que le surja. Él, que de naturaleza es más impulsivo y más pasional, sin embargo, ejerce contención sobre sus emociones. Pero esa contención, no es una buena gestión, lo cual implica que, en momentos de tensión, se puede disparar.

Al analizar el comportamiento hemos de tener en cuenta que los elementos discordantes en general en cualquier pareja serían el egoísmo, el orgullo, la intransigencia, la polémica…

Podemos decir que de los factores enunciados ninguno de ellos es significativo para tenerlo en cuenta como desencadenante de dificultades en el equilibrio de esta pareja.

Como elemento de unión hallaríamos la cálida y generosa afectividad de él. Es cierto que ella es más controlada en las manifestaciones y demostraciones afectivas, pero no tanto como para que se cree un abismo.

También es cierto que, tanto en un miembro de la pareja como en el otro, existe en su interior inseguridad y fuerte emotividad no suficientemente resuelta. La consecuencia de esto serán explosiones de mal genio, inestabilidad emocional, etc. Efectos que han de cuidar si no quieren que repercutan negativamente.

En el aspecto erótico-sexual se aprecia que para ambos es una asignatura por resolver. Por parte de ella, reprime sus instintos con una cierta ansiedad como consecuencia de una inseguridad en este plano. Esta represión le crea dificultades para vivenciar el placer en toda su dimensión. Por parte de él, existen dificultades para una vinculación amorosa plena y cierto temor al enfrentamiento sexual.

Hay una tendencia de ambos a controlar los sentimientos cuando éstos ponen en peligro su equilibrio interno. En ambos, los sentimientos que les provoca la parcela sexual, les lleva al control. Por tanto es esta una faceta que, de mantenerse así, sería una fuente de obstáculos en la relación. Ello no quiere decir que sea algo sin solución, solo que en el momento actual es una faceta más bien poco desarrollada. No deben ignorar que esta parcela de la pareja es algo muy importante para la unión de ambos y contribuye, junto con otros aspectos, al fortalecimiento del vínculo.

A los dos les une el miedo a las dificultades y a encarar el futuro. Las motivaciones latentes de ambos van encaminadas al crecimiento y reconocimiento personal, a pesar de que en la actualidad el miedo les esté frenando. El día que consigan afrontar sus miedos y puedan dar un paso al frente, estarán más predispuestos a romper sus cadenas y será algo positivo para ambos, tanto en el ámbito personal como de pareja.

Resumiendo, los elementos discordantes a destacar en esta relación son la fuerte tendencia de ambos a la imposición, en especial de ella y la emotividad no resuelta, que les lleva a situaciones de pérdidas de control.

Como factores de unión son de destacar la afectividad, la sensibilidad, la honestidad de ambos, el equilibrio en el orden, la economía, un nivel intelectivo parejo...

Sería recomendable que tuvieran en cuenta la resonancia que los factores negativos pueden tener en la pareja, incluyendo una sexualidad irresuelta, para minimizar los efectos de éstos, así como de los positivos que potencien los elementos de unión.

BIBLIOGRAFÍA

ALLENDE DEL CAMPO, JUAN LUIS. *Grafología, expresividad y autoestima.* Asociación grafopsicológica, Madrid

ALLENDE DEL CAMPO, JUAN LUIS. *Espacio, movimiento y energía.* Lasra, Madrid

ALLENDE DEL CAMPO, JUAN LUIS. *Grafopatologías.* Lasra, Madrid

ALLENDE DEL CAMPO, JUAN LUIS. *Grafología cerebral y orgánica.* Asociación grafopsicológica, Madrid

ALLENDE DEL CAMPO, JUAN LUIS. *Carácter, angustia, emotividad, resonancia y grafología.* Lasra, Buenos Aires

AJURIAGUERRA, JUAN. *La escritura del niño.* Laia, Barcelona

AVÉ-LALLEMANT, ÚRSULA. *Señales de alarma en los escritos escolares.* Lasra, Buenos Aires

BELDA GARCÍA-FRESCA, GERMÁN. *Grafología y firma.* EOS - Xandró, Madrid

BERNE, ERIC. *Más allá de juegos y guiones.* Jeder, Sevilla

BERNE, ERIC. *La intuición y el análisis transacional.* Jeder, Sevilla

BERNE, ERIC. *Qué dice usted después de decir hola.* Grijalbo, Barcelona

CAMARGO, PAULO SERGIO. *Assinatura e personalidade.* PSG, Río de Janeiro

CAMARGO, PAULO SERGIO. *A grafología no recrutamento e seleçao de pessoal.* Ágora, Río de Janeiro

CAMARGO, PAULO SERGIO. *Manual de Grafoterapia.* PSG, Río de Janeiro

CAMARGO, PAULO SERGIO. *Dicionário de traços de grafología.* PSG, Río de Janeiro

CAMARGO, PAULO SERGIO. *Grafología expresiva.* Ágora, Río de Janeiro

CERRO, SANDRA MARÍA. *Grafología y pedagogía aplicada a la orientación profesional.* Narcea, Madrid

CREPIEUX-JAMIN, JULES. *ABC de la grafología.* Ariel, Barcelona

CREPIEUX-JAMIN, JULES. *La escritura y el carácter.* Biblok Book Export, S.L., Barcelona

CREPIEUX-JAMIN, JULES. *Les elements de l'écritures des canailles.* Flammarion, París

CRÉPY, ROSELINE. *L'interprétation des signes de l'ecriture.* Delaclaux et Niestlé, París

CRÉPY, ROSELINE. *La interpretación de las letras del alfabeto en la escritura. Minúsculas I.* Lasra, Buenos Aires

GOLEMAN, DANIEL. *Inteligencia emocional. Kairós, Barcelona*

GOLEMAN, DANIEL. *La práctica de la inteligencia emocional.* Kairós, Barcelona

GOLEMAN, DANIEL. *El punto ciego.* Ed. bolsillo

GILLE-MAISANI, JEAN CARLES. *Psicología de la escritura.* Herder, Barcelona

GILLE-MAISANI, JEAN CARLES. *Temperamentos biológicos y grupos sanguíneos.* Herder, Barcelona

GONZÁLEZ GONZÁLEZ, JESÚS. *Grafología. Análisis de firmas. Significado y terapia.* Manakel, Madrid

HERTZ, HERBERT. *La grafología, Barcelona.* Oikos Tau, Barcelona

HONROT, CURT A. *Grafología emocional.* Troquel, Buenos Aires

HONROT, CURT A. *Ritmologia grafológica aplicada.* Troquel, Buenos Aires

HONROT, CURT A. *Grafología emocional objetiva.* Troquel, Buenos Aires

KLAGES, LUDWIG. *Escritura y carácter.* Paidós, Buenos Aires

LÓPEZ BELDA, ANA Mª. *La disgrafía.* EOS - Xandró, Madrid

MARCHESAN, MARCO. *Tratado de grafopsicología.* V. Suárez, Madrid

MORENO FERRERO, MANUEL JOSÉ. *Grafología y diseño gráfico publicitario.* Lasra, Buenos Aires

MORENO FERRERO, MANUEL JOSÉ. *Grafología analítica.* Obelisco

MORETTI, GEROLAMO. *Tratatto di Graphologie.* Messagero, Padua

PELLAT, SOLANGE. *Le lois de l'écriture.* Libraire Vuibert, París

PEÑARRUBIA, FRANCISCO. *Terapia Gestalt. La vía del vacío fértil.* Alianza,

PERINAT, LETICIA – MARTÍNEZ ALICIA. *La escritura eres tú. Manual de autoaprendizaje.* Gomyplex, Bilbao

PERLS, FRITZ. *Terapia Gestalt.* Pax México, España

PRIANTE, MATILDE. *Grafología para la selección y evaluación del personal.* Paidós, Barcelona

PRIANTE, MATILDE. *Grafología: una guía para descubrir la personalidad a través de la escritura.* Paidós, Barcelona

PULVER, MAX. *El simbolismo de la escritura.* V. Suárez, Madrid

PULVER, MAX. *El impulso y el crimen en la escritura.* V. Suárez, Madrid

RAS, MATILDE
Lo que sabemos de Grafopatología. Gregorio del Toro, Madrid

SÁNCHEZ BERNUY, ISABEL. *Grafopselección por competencias.* EOS, Madrid

SÁNCHEZ BERNUY, ISABEL. *Grafoterapia y Grafoestima.* EOS, Madrid

SÁNCHEZ BERNUY, ISABEL. *Grafología y aplicaciones.* EOS, Madrid

SÁNCHEZ BERNUY, ISABEL. *Grafología. Prácticas de morfología.* EOS, Madrid

SIMÓN, J. JOSÉ. *Cómo hacer análisis grafológicos.* Martínez Roca, Barcelona

SIMÓN, J. JOSÉ. *Así escriben, así son.* Temas de hoy

SIMÓN, J. JOSÉ. *El gran libro de la grafología.* Martínez Roca, Barcelona

STEVENS, HOHN O. *El darse cuenta.* Cuatro Vientos, Venezuela

TEILLARD, ANNIA. *El alma y la escritura.* Paraninfo, Madrid

TORBIDONI, LAMBERTO – ZANIN, LIVIO. *Grafología, Texto teórico práctico.* Tantín, Santander

TRILLAT, RAIMOND – ESCRICHE, VICENTE. *Grafología práctica*

TUTUSAUS LÓVEZ, JAIME. *Principios grafoescriturales fundamentales.* AGC, Barcelona

TUTUSAUS LÓVEZ, JAIME. *Grafología aplicada.* AGC, Barcelona

TUTUSAUS LÓVEZ, JAIME. *Manual de grafología interpretativa.* Rere el Traç, Barcelona

VELS, AUGUSTO. *Escritura y personalidad.* Herder, Barcelona

VELS, AUGUSTO. *Grafología estructural y dinámica.* AGC, Barcelona

VELS, AUGUSTO. *Diccionario de grafología.* Herder, Barcelona

VELS, AUGUSTO. *Grafología de la A a la Z.* Herder, Barcelona

VELS, AUGUSTO. *La selección de personal.* Herder, Barcelona

VELS, AUGUSTO. *Manual de Grafoanálisis.* Salvadó, Barcelona

VILLAMARÍN, BEATRIZ. *Grafología y sexualidad.* Lasra, Buenos Aires

VIÑALS, FRANCISCO – PUENTE, Mª LUZ. *Psicodiágnostico por la escritura.* Herder, Barcelona

VIÑALS, FRANCISCO – PUENTE, Mª LUZ. *Grafología y ciencia*

VIÑALS, FRANCISCO – PUENTE, Mª LUZ. *Diccionario jurídico-pericial del documento escrito.* Herder, Barcelona

VIÑALS, FRANCISCO – PUENTE, Mª LUZ. *Grafología criminal.* Herder, Barcelona

VIÑALS, FRANCISCO – PUENTE, Mª LUZ. *Grafología digital, tipográfica y del diseño visual*

VIÑALS, FRANCISCO – PUENTE, Mª LUZ. *Análisis de escritos y documentos en los servicios secretos.* Herder, Barcelona

XANDRÓ, MAURICIO. *Grafología superior.* Herder, Barcelona

XANDRÓ, MAURICIO. *Grafología elemental.* Herder, Barcelona

XANDRÓ, MAURICIO. *Grafología para todos.* Giuntieos Psychometrics, S.L., Madrid

XANDRÓ, MAURICIO. *Grafología y recursos humanos.* EOS, Madrid

XANDRÓ, MAURICIO. *Análisis grafológico sencillo.* Xandró, Madrid

XANDRÓ, MAURICIO. *Grafología de la firma-rúbrica.* EOS, Madrid

XANDRÓ, MAURICIO. *Grafología y psicología.* EOS, Madrid

XANDRÓ, MAURICIO. *Grafología y complejos.* Xandró, Madrid

Mª de los Ángeles Arteaga Pinto

(Toledo. España)

Formación: Pericia Caligráfica Judicial, Peritaje Grafopsicológico, Grafología Científica y Grafología aplicada a los RRHH. **Máster en:** Grafística, Grafopatología y Grafología Forense y Grafología-Grafoterapia.

Trayectoria laboral: Directora del Centro Grafológico Iris desde el año 1997, profesora del Máster en Grafoanálisis Europeo, de la Universidad Autónoma de Barcelona (UAB), profesora de Pericia Caligráfica Judicial y Grafología en todos sus campos desde 1997 en el Centro Grafológico Iris y ha ejercido como ponente en cientos de conferencias relacionadas con la grafología, la superación personal, la pericia caligráfica o los test gráficos.

Autora de: El método de evolución y desarrollo humano "Superación Personal por la Escritura" y del libro "Golondrina. Relatos cortos".

Premiada con: La Estrella de oro a la Excelencia Profesional (2017).

Vínculos a asociaciones: Presidenta de Iris, Peritos Calígrafos Judiciales Asociados (hasta 2019), Presidenta de ADISFIM (hasta el 2013), miembro de la Agrupación de Grafoanalistas Consultivos, miembro de ASPEJURE (Asociación de Peritos Judiciales del Reino de España) y miembro de la Agrupación Española de Peritos Calígrafos.

9 788409 197545